V&R

Stefanie Pfister / Matthias Roser

Religiöse Sonderwege

Weltanschauliche Orientierungskompetenz
für Religionslehrkräfte

Vandenhoeck & Ruprecht

Mit 12 Abbildungen

Bibliografische Information der Deutschen Nationalbibliothek

Die Deutsche Nationalbibliothek verzeichnet diese Publikation in der Deutschen Nationalbibliografie; detaillierte bibliografische Daten sind im Internet über http://dnb.d-nb.de abrufbar.

ISBN 978-3-525-70235-2

Weitere Ausgaben und Online-Angebote sind erhältlich unter: www.v-r.de

Umschlagabbildung: © Vobelima/Panthermedia

© 2018, Vandenhoeck & Ruprecht GmbH & Co. KG,
Theaterstraße 13, D-37073 Göttingen /
Vandenhoeck & Ruprecht LLC, Bristol, CT, U.S.A.
www.v-r.de

Satz: SchwabScantechnik, Göttingen
Druck und Bindung: ⊕ Hubert & Co GmbH & Co. KG,
Robert-Bosch-Breite 6, D-37079 Göttingen

Gedruckt auf alterungsbeständigem Papier.

Inhalt

1. Einleitung

1.1 Relevanz der Thematik

Abbildung 1

Wie zweifelhafte Lockangebote, quasi »Falltüren in die Hölle« – so stellt der Zeichner des Bildes[1] die Angebote verschiedener weltanschaulicher und religiöser Gruppierungen dar: ein großartiges Versprechen von vermeintlichen Himmelsfreuden, jedoch verbunden mit einem offenkundig fatalen Abstieg.

- Doch kann man so pauschal und vorschnell über die Gruppierungen urteilen?
- Warum sind diese Gruppierungen unter Umständen für Jugendliche interessant?
- Und wie argumentiert man als Pädagoge[2], wenn Schüler einer bestimmten Gruppe angehören und gleichzeitig am Religionsunterricht teilnehmen?

1 Valerij, 9. Klasse (Münster).
2 Aus Gründen der besseren Lesbarkeit wird auf die gleichzeitige Verwendung männlicher und weiblicher Sprachformen verzichtet. Sämtliche Personenbezeichnungen gelten für beide Geschlechter.

Diesen Fragen gingen Lehramtsstudierende für das Fach Evangelische Religionslehre an den Universitäten Dortmund und Duis-
burg-Essen auf den Grund. Im Rahmen ihrer religionspädagogischen Seminare bei den Autoren unternahmen sie Exkursionen zu
verschiedenen weltanschaulichen Gruppierungen, darunter zum
Beispiel eine Exkursion zur Christlichen Versammlung Lütgendortmund. Es handelt sich dabei um eine Gemeinde, die sich selbst noch
innerhalb des evangelikalen Spektrums des Protestantismus verortet[3]
(vgl. auch Kapitel 4.7). Ziel der Exkursion war es, mit den Gemeindemitgliedern in einen theologischen Diskurs zu treten, doch es
kam nicht zu einem wirklichen Dialog: So vertrat der Gemeindeleiter in seinem Einleitungsvortrag vehement eine Weltanschauung
bzw. religiöse Ansicht, die letztendlich nur durch das Bekehrungserlebnis eines geistlich Wiedergeborenen[4] verständlich ist, d. h. ohne
eine sogenannte »Konversionshermeneutik«[5] kann überhaupt kein
Verstehens- und/oder Erkenntnisprozess stattfinden.

Zudem erzeugten der Vortrag und einige Besonderheiten in der
Gemeinde – z. B. die räumliche Trennung von Frauen und Männern,
die handschriftlich ergänzten Studienbibeln und die Teilnahme einer
Absolventin des christlich-zionistischen Bibelcenters Breckerfeld –
bei den Studierenden ein Gefühl von großer Fremdheit.

Besonders irritierte die Studierenden ihre eigene Sprachlosigkeit
im Dialog mit den Gemeindemitgliedern. Obwohl sie die theologischen Grundlagen dieser Gemeindestruktur und Denkweise im
Seminar ausführlich erarbeitet hatten, entstand der Eindruck der
eigenen theologischen Unsicherheit und Diskursunfähigkeit angesichts eines derart in sich geschlossenen Weltbilds.

Folgende Aspekte waren Anlass für den vorliegenden Band:

---

3 Vgl. die Homepage der Christlichen Versammlung Lütgendortmund: http://
   www.cv-dortmund.de (letzter Zugriff am 07.07.2017) und insbesondere die
   dort als mp3-Dateien niedergelegten Vorträge. Diese Gemeinde gehört zur
   Brüderbewegung (Darbyisten) und ist eng mit weiteren Gemeinden im Ruhr-
   gebiet und insbesondere auch mit dem Bibelmuseum Wuppertal vernetzt.

4 Der Gemeindeleiter beschrieb sein Bekehrungserlebnis und die für ihn daraus resultierende geistliche Wiedergeburt in seinem Vortrag sehr detailliert.
   Die Gemeindemitglieder sekundierten mit eigenen Bekehrungserzählungen.

5 Zur Konversionshermeneutik vgl. Peter G. Stromberg: Language and self-transformation. A study of the Christian conversion narrative, Cambridge 1993.

– Die genannten Unsicherheiten und die geäußerten Ängste der Studierenden vor der Begegnung und Auseinandersetzung mit geschlossenen Weltbildern in der späteren schulischen Berufspraxis.

– Die Konfrontation der Studierenden mit einer umfassenden Daseinsorientierung, die ihre Orientierung und Zielrichtung von einer christlich-fundamentalistischen Weltanschauung her erhält. Indirekt fühlten sie sich zu einer begründeten Rechenschaftsablegung aufgefordert, die sie aber vor Ort nicht geben konnten (vgl. Kapitel 2).

– Zugleich evozierte die Kommunikationssituation vor Ort die Anfrage an die Studierenden nach ihrer persönlichen Daseinsgewissheit, aber auch ihren eigenen wissenschaftstheoretisch reflektierten Begründungsstrukturen der Kohärenz und »Logik« des christlichen Glaubens (vgl. Kapitel 2).

– Weiterhin warf die Exkursion auch Fragen nach einer kriterienbewussten Unterscheidung von lebensförderlichen und lebensfeindlichen Formen von Daseinsorientierung, Weltanschauungen und religiösen Überzeugungen auf [6] (vgl. Kapitel 3).

Von den zukünftigen Religionslehrkräften und Pfarrern wird erwartet, dass sie als »Experten in Sachen Theologie, Religion(en) und Weltanschauungen« Orientierung und Hilfestellung bei der Urteilsbildung, aber auch spontane seelsorgerliche Beratung aus evangelischer Perspektive zu geben vermögen.

Zudem haben angehende Religionslehrkräfte die Aufgabe, dass ihre Schüler sich

»im Unterricht Wissen, Fähigkeiten, Einstellungen und Haltungen an(eignen), die für einen sachgemäßen Umgang mit sich selbst, mit dem christlichen Glauben und mit anderen Religionen und Weltanschauungen notwendig sind.«[7]

---

6 Vgl. dazu Dietlind Fischer/Volker Elsenbast (Hg.): Grundlegende Kompetenzen religiöser Bildung. Zur Entwicklung des evangelischen Religionsunterrichts durch Bildungsstandards für den Abschluss der Sekundarstufe I, Münster 2006, 19 sowie 51–55.

7 EKD (Hg.): Kompetenzen und Standards für den Evangelischen Religionsunterricht in der Sekundarstufe I. Ein Orientierungsrahmen, Hannover 2010, 11.

Dabei sollen die prozessbezogenen Kompetenzen religiöser Bildung wie die Dialogfähigkeit im Unterricht ausgebildet werden, d.h. sie sollen »am Dialog mit anderen Religionen und Weltanschauungen argumentierend teilnehmen« können. Doch bevor man in einen Dialog treten kann, sind zunächst Differenzen wahrzunehmen oder gegebenenfalls ist auch die Einnahme von Distanz erforderlich. Oder wie es die Arbeitsgruppe des Comenius-Instituts (Münster) formuliert: Schüler sollen die Kompetenz erwerben »kriterienbewusst lebensförderliche und lebensfeindliche Formen von Religionen unterscheiden«[8] zu können.

Insgesamt zeigt sich daher die Notwendigkeit einer praktisch-theologischen Orientierungs- und Beratungskompetenz hinsichtlich des »Panoramas der religiösen Sonderwege«. Es stellt sich doch die Frage, warum junge Lehramtsanwärter, die ein drei- bis vierjähriges theologisches Studium hinter sich haben, angesichts der Argumente in einer christlich-fundamentalistischen Gruppierung Schwierigkeiten haben, Rede und Antwort zu stehen. Ist mittlerweile nicht nur für die Schülerschaft, sondern auch für Lehrkräfte das Phänomen des – von Bernhard Dressler skizzierten – »Traditionsabbruches« aktuell und das »Christentum eine Fremdreligion«[9] geworden?

Für eine Klärung dieser Frage ist der Beruf der Lehrkraft professionstheoretisch in den Blick zu nehmen. Zu den Tätigkeiten einer Religionslehrkraft zählt nicht nur das »Kerngeschäft einer Lehrkraft: der Unterricht«[10], sondern verstärkt auch die Fähigkeit zur praktisch-theologischen Beratungskompetenz, z.B. in Form von seelsorgerlichen Beratungen, Umgang mit Schülern, die Gewalt in der Familie erleben, Beratungsgespräche mit Eltern sowie mit schulpsychologischen Beratungsstellen. Am Lernort Schule

---

8 Vgl. Dietlind Fischer/Volker Elsenbast (Hg.): Grundlegende Kompetenzen religiöser Bildung, 2006.

9 Vgl. Bernhard Dressler: Darstellung und Mitteilung. Religionsdidaktik nach dem Traditionsabbruch, in: rhs 1 (2002), 11–19.

10 Sigrid Blömeke: Universität und Lehrerausbildung, Bad Heilbrunn 2002; Heinz-Elmar Tenorth: Professionalität im Lehrerberuf, in: Zeitschrift für Erziehungswissenschaft, 9/4 (2006), 580–597.

»erwerben die Heranwachsenden die Kulturfertigkeiten, mit denen sie im Alltag moderner Gesellschaften teilnehmen können; in Schulen erwerben sie aber auch die Kompetenzen, ihr Leben selbst als einen Lernprozess zu verstehen und zu gestalten, und zwar mit Hilfe von Fähigkeiten, Lernstrategien, Motiven und Interessen, die sie organisiertem Unterricht verdanken«.[11]

Das heißt, an die Lehrkraft, die die oben genannten Kompetenzen bei Schülern fördern soll, werden hohe Ansprüche gestellt. Doch wie kann die entsprechende Kompetenz zunächst gefördert bzw. überhaupt entwickelt werden?

Aktuelle Debatten beschreiben, dass professionelles Lehrerhandeln durch einen Zusammenhang von Wissen und Können und der daraus resultierenden Handlungsfähigkeit gekennzeichnet ist. Folgt man weiter der Kompetenzorientierung, bildet insbesondere die Handlungsfähigkeit, die sich in konkreten Anforderungssituationen bewähren soll, den Kern der Professionalität von Lehrkräften. Dieses prozedurale Wissen ist ein praktisch nutzbares Wissen, das sich als Können implizit im Handeln zeigt: Shulman nennt es auch »wisdom of practice«.[12]

Auch Bernhard Dressler betont die zentrale Bedeutung des Unterrichtenden:

»Im Lichte der Alltagserfahrungen sind für den Religionsunterricht die Lehrerinnen und Lehrer wichtiger als die religionsdidaktischen Konzeptionen und die Lehrpläne. Das wird freilich für andere Schulfächer kaum anders sein. Konzeptionen sind unerlässlich als professionelle Reflexionsmedien. Aber ob der Unterricht gelingt, entscheidet sich nicht an ihnen, auch nicht an den Methoden und Medien, sondern an den Kompetenzen der Lehrkräfte und darüber hinaus an etwas, für das

11 Heinz-Elmar Tenorth: »Alle Alles zu lehren«. Möglichkeiten und Perspektiven allgemeiner Bildung, Darmstadt 1994, 155.
12 Lee S. Shulman: The Wisdom of Practice, Essays on Teaching, Learning, and Learning to Teach, San Francisco 2004; R. Bromme: Kompetenzen, Funktionen und unterrichtliches Handeln des Lehrers, in: Franz E. Weinert (Hg.), Psychologie des Unterrichts und der Schule. Enzyklopaedie der Psychologie Serie I, Bd. 3, Göttingen 1997, 177–212, hier: 199.

wir in der Regel einen eher vortheoretischen, empirisch nur schwer zu
fassen Begriff benutzen: ›Lehrerpersönlichkeit‹.«[13]

Für Dressler sind Begriff und Gegenstand des Religionslehrer-Habi-
tus besser geeignet, um den unscharfen Begriff »Lehrerpersönlichkeit« tiefenschärfer in den Blick nehmen zu können.[14] Er plädiert
für eine Unterscheidung zwischen individuell »gelebter Religion«
und im Religionsunterricht »gelehrter Religion«[15] und davon »möglicherweise abweichender unterrichtsthematischer und didaktisch-
methodischer Präferenzen«.[16]

Für Dresslers Habitus-Konzept ist die Lehrerkompetenz des
»Religion-Zeigen-Könnens«[17] zentral: »Religion soll gezeigt werden
können, ohne dass die *Religionslehrer* einfach nur sich selbst als religiöse Menschen zeigen.«[18] Dressler beschreibt die deiktische Handlungskompetenz der Unterrichtenden mit Hilfe einer von Thomas
Ziehe[19] entliehenen »Fremdenführer-Metapher«:

»*Religionslehrer* können sich dabei gleichsam, wie Thomas Ziehe es vorgeschlagen hat, als ›Fremdenführer‹ in andere Sinngebiete verstehen,
in denen sich die Fremdenführer naturgemäß besser auskennen als
die Touristengruppen. Dabei wäre schon viel gewonnen, wenn sie das
anfängliche Nichtverstehen erträglich machen. Fremdenführer zwingen
niemanden zu Daueraufenthalten in dem Gelände, durch das sie führen.
Aber ohne ihre Sachkunde erschließt sich nichts von dem Reiz dieses
Geländes. [...] Lehrer können sich nach diesem Modell als Darsteller
eines Sachzusammenhangs verstehen, nicht eines Darstellers von sich

---

13 Bernhard Dressler: Was soll eine gute Religionslehrerin, ein guter Religions-
    lehrer können, in: Theo-Web. Zeitschrift für Religionspädagogik 8 (2009),
    H. 2, 115–127, hier: 115.
14 Ebd., 119.
15 Ebd.
16 Ebd.
17 Ebd.
18 Ebd., 123, kursiv: eigene Auflösung von RL in Religionslehrer.
19 Thomas Ziehe: Zeitvergleiche. Jugend in kulturellen Modernisierungen,
    Weinheim/München 1991.

selbst, und gerade deshalb kann an ihnen ein engagiertes, nicht neutrales Verhältnis zur Sache erkennbar werden.«[20]

Die von Dressler namhaft gemachte »deiktische Kompetenz« findet man auch in den von den evangelischen Landeskirchen und theologischen Fakultäten formulierten Kompetenzen wieder: So sollen Lehrkräfte in ihrem Studium die »Fähigkeit zur religionsdidaktischen Auseinandersetzung mit anderen Lebens- und Denkformen«, die »Fähigkeit zur Interpretation und didaktischen Entschlüsselung religiöser Aspekte der Gegenwartskultur« sowie eine »interkonfessionelle und interreligiöse Dialog- und Kooperationsfähigkeit«[21] entwickeln (vgl. auch Kapitel 3).

1.2 Aufbau des Bandes

Der Blick richtet sich in diesem Band darauf, wie diese »wisdom of practice« (Shulman) bzw. der RU-Lehrer-Habitus (Dressler) hinsichtlich der Herausforderungen der pluralistischen Daseins- und Werteorientierungen oder kurz: ausgewählter »religiöser Sonderwege« gefördert werden kann und folgt folgendem Aufbau:

Im ersten Kapitel wird die Relevanz der Thematik für Studierende der evangelischen und katholischen Theologie auf Lehramt/Pfarramt aufgezeigt.

Im zweiten Kapitel folgt eine Definition zum Begriff »religiöser Sonderweg« sowie die Darstellung der apologetischen Aufgabe evangelischen Christseins heute verbunden mit religionspädagogischen Schlussfolgerungen.

Religionspädagogische und theologische Einsichten zum Umgang mit weltanschaulichen und religiösen Gruppierungen werden im dritten Kapitel dargestellt. Zentral sind die Begriffe Differenz, Dialog und Distanz.

---

20 Bernhard Dressler: Was soll eine gute Religionslehrerin, 124, kursiv: eigene Auflösung von RL in Religionslehrer.
21 Papier der Gemischten Kommission: Theologisch-religionspädagogische Kompetenz. Professionelle Kompetenzen und Standards für die Religionslehrerausbildung, Hannover 2009 (Teilkompetenzen 5.6 und 11).

Das vierte Kapitel bildet das Herzstück des Bandes. Hier werden die einzelnen religiösen Sonderwege mit einem aussagekräftigen Quellenzitat jeweils vorgestellt und Aspekte für den Religionsunterricht entwickelt. Die Auswahl der Gruppierungen erfolgt nach gegenwärtiger Relevanz und Brisanz, weniger nach deren statistischen Häufigkeit.[22] Diese Kapitel haben jeweils folgende Struktur:

- *Quellenzitat*
- *Kurze und präzise Beschreibung der jeweiligen Gruppierung:* Kontext der Entstehung, wichtigste Stellvertreter, theologische bzw. weltanschauliche Schwerpunkte, gegenwärtig kontrovers theologisches Konfliktpotenzial mit einem Christentum evangelischer Prägung und daraus resultierender Problemlage für den RU. *Konkrete Arbeitsfragen* zur reflektierten theologischen und religionspädagogischen Ausbildung von Differenz-, Dialog- und gegebenenfalls auch Distanzkompetenz. Die Arbeitsfragen haben folgende Ziele:
  - reflektiertes, kriterienorientiertes Beobachten und Beschreiben des entsprechenden religiösen Sonderwegs zu ermöglichen *(Orientierung),*
  - reflektiertes, kriterienorientiertes Verstehen und Deuten der von der Gruppe evozierten Daseinsorientierung bzw. Weltanschauung zu initiieren *(Orientierung),*
  - Erarbeitung entsprechender reflektierter Stellungnahmen zu diesen evozierten Daseinsorientierungen und Weltanschauungen aus der Perspektive des evangelischen Christentums zu fokussieren, d. h. eines Wirklichkeitsverständnisses, dass sich der Heiligen Schrift als *norma normans* und den Bekenntnisschriften als *norma normata* christlichen Glaubens verpflichtet weiß *(theologische Auseinandersetzung),*
  - Arbeitsaufträge, die ergänzend Hinweise auf religionsdidaktische Erarbeitungsmöglichkeiten religiöser Sonderwege für den

---

22 Dem Aspekt der Konfessionslosigkeit bzw. bewusst atheistischen Gruppierungen wird in der vorliegenden Untersuchung nicht nachgegangen. Vgl. zur Konfessionslosigkeit: Michael Domsgen: Religionsunterricht in Ostdeutschland. Die Einführung des evangelischen Religionsunterrichts in Sachsen-Anhalt als religionspädagogisches Problem (Arbeiten zur Praktischen Theologie, Bd. 13), Leipzig 1988.

Religionsunterricht mit Hilfe eines konkreten fachdidaktischen Ansatzes[23] enthalten *(religionspädagogische Auseinandersetzung)*,
- *religionspädagogische und praktisch-theologische Perspektiven* auf die jeweiligen religiösen Sonderwege zu entfalten, d. h. der Frage nachzugehen, wie man als Lehrkraft mit Schülern umgeht, die der bestimmten Gruppierung angehören, und wie die Lehrkraft ihren eigenen Glauben begründet darlegen kann *(Begegnung)*.

Abbildung 2

Zur Förderung der religiösen und weltanschaulichen Orientierungs-kompetenz lädt das fünfte Kapitel *Die Protagoras-Schule* ein. Hier wird von der Dortmunder Studentin Julia Peter die Methode des Planspiels vorgestellt. Zudem werden hier auch der Spielablauf, die Rollenkarten und die Spielregeln mit Chancen und Grenzen vorge-stellt, sodass eine spielerische Umsetzung in Schule und Hochschule erfolgen kann. Das Material steht als kostenloser Download unter www.v-r.de/religioese_sonderwege zur Verfügung.

Das Buch schließt mit einem Fazit (sechstes Kapitel), das als Orientierungshilfe in Bezug auf weitere religiöse Sonderwege dient sowie einem Glossar der wichtigsten Begriffe religiöser Sonderwege (siebtes Kapitel).

Im Onlinematerial zu diesem Buch befindet sich zusätzlich zu den Spielmaterialien auch ein Adressverzeichnis evangelischer und katholischer Informations- und Beratungsstellen.

---

23 Vgl. Stefanie Pfister/Matthias Roser: Fachdidaktisches Orientierungswissen für den Religionsunterricht. Kompetenzen – Grenzen – Konkretionen, Göt-tingen 2015.

2. Systematischer und theologischer Überblick über religiöse Sonderwege

2.1 Religiöse Gruppe? Neue religiöse Bewegung? Sekte? Religiöser Sonderweg?

In organisationssoziologischer Perspektive ist nicht immer eindeutig zu erkennen, wann eine Gruppe/Szene/Gemeinde den Status einer eigenen »Gruppierung« einnimmt und wann diese Gruppe schon zu einer (neuen) religiösen Bewegung gehört.

Die Autoren bezeichnen daher in Anlehnung an Friedhelm Neidhard eine *religiöse Gruppe* als diejenige religiöse Sozialform mit einem sehr geringen Organisationsgrad, deren »Sinnzusammenhang durch unmittelbare und diffuse Mitgliederbeziehungen sowie durch relative Dauerhaftigkeit bestimmt ist«[24]. Zunehmend kann es dabei zu fest ausgeprägten Strukturen mit hohem Organisationsgrad und Mitgliedschaftskriterien in Abgrenzung zur Umwelt kommen. Dies stellt dann den Organisationsgrad einer *religiösen Gemeinde* dar.

Eine *religiöse, soziale Bewegung* ist »ein mobilisierender kollektiver Akteur, der mit einer gewissen Kontinuität auf der Grundlage hoher symbolischer Integration und geringer Rollenspezifikation mittels variabler Organisations- und Aktionsformen das Ziel verfolgt, grundlegenden sozialen Wandel herbeizuführen, zu verhindern oder rückgängig zu machen«[25].

Diese religionssoziologische Zugangsweise ermöglicht es auch, den Begriff der *Sekte* zu vermeiden. So weist Pfarrer André Hahn in einer aktuellen Verlautbarung des »Amtes für missionarische Dienste« der Evangelischen Kirche in Westfalen darauf hin, dass der vielerorts verwendete Sektenbegriff für den fachtheologischen

---

24 Friedhelm Neidhardt: Das innere System sozialer Gruppen. Ansätze zur Gruppensoziologie, in: Kölner Zeitschrift für Soziologie und Sozialpsychologie 31 (1979), 639–660, 642.

25 Joachim Raschke: Soziale Bewegungen. Ein historisch-systematischer Grundriss, Frankfurt am Main, ²1988, 77.

bzw. religionspädagogischen Kontext mittlerweile als nur sehr eingeschränkt verwendbar zu bezeichnen ist:

»Solange weitgehend homogene religiöse Verhältnisse herrschten mit
einer dominierenden Religion – oder wie in Deutschland mit den beiden großen Konfessionen – und die ›Sekten‹ eine Minderheit bildeten,
konnte dieser Begriff in negativer Abgrenzung verwendet werden: Was
eine ›Sekte‹ war, bestimmte die Mehrheit. In der heutigen Situation einer
religiösen Vielfalt und Ausdifferenzierung ist dies nicht mehr möglich und
auch wenig sinnvoll. Die bloße historische Priorität kann kein Kriterium
für die negative Qualifizierung als ›Sekte‹ sein – sonst wären auch die
evangelischen Kirchen ›Sekten‹ gegenüber der katholischen oder das
gesamte Christentum gegenüber dem Judentum.«[26]

Hahn verweist weiter auf die – in der öffentlichen Verwendung –
häufig zu beobachtende, wissenschaftlich unzureichende Konnota-
tion des Sektenbegriffs als »Kampfbegriff«:

»Dieser Begriff bleibt aber problematisch, weil er im Grunde ein ›Kampfbegriff‹ ist. Man qualifiziert eine Gruppe ab und man tut dabei so, als
könne man klar zwischen Schwarz und Weiß unterscheiden. […] Abspaltungen und Sonderlehren sind kein Kennzeichen für Sektierertum. Erst
da, wo historische Abspaltungen zu exklusiven Abgrenzungen werden
und Sonderlehren zu Konflikten führen, kann man sinnvollerweise von
›Sekten‹ sprechen.«[27]

Bereits 1998 hatte der Endbericht der Enquete-Kommission des
Deutschen Bundestags[28] daher vorgeschlagen, eine an umgangs-
sprachlichen Normen orientierte Verwendung des Sektenbegriffs im

---

26 André Hahn: Sekte – ein problematischer Begriff, Dortmund 2015, in: http://
   www.amd-westfalen.de/fileadmin/dateien/dateien_hahn/Sekte.pdf (letzter
   Zugriff am 27.12.2016).
27 Ebd.
28 Deutscher Bundestag (Hg.): Endbericht der Enquete-Kommission »Sogenannte Sekten und Psychogruppen« (= Deutscher Bundestag 13. Wahlperiode/
   Drucksache 13/10950) Bonn 1998, in: http://dip21.bundestag.de/dip21/
   btd/13/109/1310950.pdf (letzter Zugriff am 28.12.2016).

öffentlichen Raum zu verwerfen[29] und stattdessen den am Endbericht
beteiligten Fachdisziplinen die Aufgabe anheimgestellt, eine revi-
dierte, wissenschaftstheoretisch begründete Terminologie in Bezug
auf religiöse Sonderwege nach Begriff und Gegenstand zu entwerfen.[30] Das »Handbuch Weltanschauungen, Religiöse Gemeinschaften,
Freikirchen«[31] der VELKD kommt der von der Enquete-Kommission gestellten Aufgabe explizit nach, vermeidet den »Sekten«-Begriff
beinahe vollständig und differenziert z. B. für das protestantische
Christentum wesentlich genauer nach »Freikirchen« – Pfingstlich-
charismatischen Bewegungen und weiteren unabhängigen Gemeinden – Gemeinden der »apostolischen Bewegung« und »Sondergemeinschaften« mit christlichem Hintergrund.[32]

In Amerika wurde zur Vermeidung der Begriffe *cult* oder *sect* der
Begriff *new religious movements*[33] eingeführt, der z. B. auch von dem
Religionspsychologen Sebastian Murken konsequent als *Neue religiöse
Bewegungen* (NRB) genutzt wird. Diese Bezeichnung[34] umfasst daher

»alle religiösen Bewegungen, die in der Neuzeit (etwa seit Mitte des
19. Jahrhunderts) entstanden sind. Sie wurden von ihren Herkunftsreli-
gionen entweder als Häretiker oder ›Sekten‹ ausgestoßen und gewan-
nen dann eigene historische Gestalt, oder sie nahmen aufgrund ›neuer
Erkenntnis oder neuer Offenbarung‹ eine Gegenposition zu ihren Her-
kunftsreligionen ein.«[35]

Die Autoren dieses Bandes favorisieren den Begriff *religiöse Sonderwege*, da er zunächst die religionssoziologischen Definitionen

---

29 Ebd., 17–22.
30 Ebd., 22.
31 Matthias Pöhlmann/Christine Hahn (Hg.): Handbuch Weltanschauungen,
    Religiöse Gemeinschaften, Freikirchen, Gütersloh 2015.
32 Vgl. die Bemerkungen ebd., 24–26.
33 Vgl. zur Forschungsgeschichte in den USA: J. G. Melton: An introcution to
    new religions, in: J. R. Lewis (Hg.): The Oxford Handbook of New religious
    movements, New York 2004, 16–35.
34 Die Begriffe »Neue Religionen«, »Neureligionen« sowie »Religionen der Mo-
    derne« können nach Murken synonym genutzt werden.
35 Sebastian Murken: Neue religiöse Bewegungen aus religionspädagogischer
    Perspektive, Marburg 2009, 22.

aufnimmt, zum Beispiel den Prozesscharakter von einer Gruppe zu einer (neuen) religiösen Bewegung. Des Weiteren nimmt er aber auch die Suchbewegungen der Menschen nach einem (neuen) Weg auf und den individuellen Beitrittsprozess ernst: »Wie kommt es überhaupt dazu, dass sich Menschen für eine bestimmten religiösen Sonderweg interessieren? Was suchen und finden diese Menschen dort?« Der Begriff »Sonderweg« umfasst auch den kollektiven Entwicklungsprozess: Was ist das allen gemeinsame Interesse, der Motor oder die kollektive Mobilisierung? Darüber hinaus kann der Begriff »Sonderweg« für einen Platz im interreligiösen Dialog oder innerhalb der Ökumene stehen, vorausgesetzt es sind von beiden Seiten Anschlussmöglichkeiten gegeben. Die Bezeichnung »religiöser Sonderweg« umfasst dann auch Bezeichnungen wie »Sondergemeinschaften«[36], »moderne Spielarten von Religiosität«[37] oder »moderne Variationen von Religionen«[38].

Deutlich wird der »Wegcharakter« eines »religiösen Sonderwegs« an der folgenden organisationssoziologischen Matrix von Friedhelm Neidhardt und Dietmar Rucht[39], mit Hilfe derer die Entstehung und die Stabilitätsfaktoren religiöser Sonderwege als »soziale Bewegungen« erkennbar werden:

---

36 Zur Kritik am Begriff »Sondergemeinschaft«: vgl. H. Krech/M. Kleiminger (Hg.): Handbuch Religiöse Gemeinschaften und Weltanschauungen, Gütersloh [6]2006, 26.
37 Bernd Schröder: Religionswissenschaftliche Orientierung und theologische Positionierung, in: Rainer Lachmann/Martin Rothgangel/Bernd Schröder (Hg.), Christentum und Religionen elementar. Lebensweltlich – theologisch – didaktisch, Göttingen 2010, 13–125, hier: 13.
38 Martin Rothgangel: Inhalt und Aufbau, in: Lachmann/Rothgangel/Schröder, Christentum und Religionen elementar, 41–46, hier: 44.
39 Die Grafik folgt den Überlegungen von Friedhelm Neidhardt/Dieter Rucht: Auf dem Weg in die »Bewegungsgesellschaft«? Über die Stabilisierbarkeit sozialer Bewegungen, in: Soziale Welt, Jg. 44, Heft 3 (1993), 305–326, hier: 307.

Entstehungs- und Stabilisierungsbedingungen sozialer Bewegungen

	Mikro-Ebene 1 Individuelle Erfahrungsebene	Meso-Ebene 2 Kollektive Deutungsmuster	Makro-Ebene 3 Strukturebene
A Bedingungen der Problemati- sierung	*A1* *Deprivation*	*A2* *Skandalisierungs-* *muster* *Diagnostic frames*	*A3* *Strukturelle* *Spannungen*
B Bedingungen der Mobilisie- rung	*B1* *Gemeinschafts-* *gefühle*	*B2* *Ingroup/Outgroup-* *Konzepte unterteilt* *in:* injustice frames (Dramatisierung des Problems), identity frames (Kollektive Denk- und Argumenta- tionsmuster), agency frames (Argumentations- und Handlungsstra- tegien)	*B3* *Mobilisierungs-* *strukturen*
C Bedingungen der Stabilisie- rung	*C1* *Erfolgs-* *wahrnehmungen*	*C2* *Strategieprogramme*	*C3* *Kirchliche und gesell-* *schaftliche Gelegen-* *heitsstrukturen*

Abbildung 3

Die von Neidhardt/Rucht vorgelegte Matrix ermöglicht folgende Beobachtungen:

Auf der individuellen Erfahrungsebene (Mikroebene) können sozialpsychologische Deprivationstheorien erklären, unter welchen Umständen Individuen Unzufriedenheit artikulieren und dann im Kontext eines religiösen Sonderwegs Handlungsbereitschaft entwickeln (A1). Die Erfahrung gemeinsamer Betroffenheit und die Ausbildung von Solidarität sind unverzichtbare Voraussetzungen für kollektive Aktionen religiöser Sonderwege (B1). Für die Stabilisierung kollektiver Aktionen müssen diese Aktionen zur Lösung der wahrgenommenen Probleme als nützlich und zweckentsprechend angesehen werden. Die Wahrnehmung von

Erfolgsaussichten (bei den einzelnen Individuen) ist erforderlich, um eine kollektive Mobilisierung der religiösen Sonderwege zu sichern (C1).

Das eigentliche Zentrum dieser von Neidhard/Rucht vorgelegten Matrix ist dabei durch die mittlere, die so genannte Meso-Ebene repräsentiert:

»Auf der Meso-Ebene, der kollektiven Deutungsebene, geht es darum, zu erklären, welche gemeinsamen Alltagstheorien wirksam werden, wenn es um die Definition von Deprivationen, Solidarisierungschancen und Erfolgsaussichten geht. Subjektive Erfahrungen und Einstellungen unterliegen einem kollektiven Deutungsprozess. Diese kollektiven Konstrukte, die sich als Ideologien von den subjektiven Erfahrungen ablösen können, werden von ›Bewegungsunternehmern‹ ständig bearbeitet, damit sie nach innen integrieren und nach außen politischen Druck entfalten.«[40]

Damit ist das (implizite) Ziel aller in diesem Band verhandelten religiösen und weltanschaulichen Sonderwege, in unterschiedlichster Art und Weise einen Wandel der Religionsstruktur bzw. der Gesellschaftsstruktur in der Bundesrepublik Deutschland voranzutreiben. Die Beschreibung und Definition des Zielpunktes des angestrebten religiösen und gesellschaftlichen Wandels differiert dabei zwischen den dargestellten Gruppen in beträchtlicher Art und Weise. Religiöse und weltanschauliche Sonderwege explizieren in ihrem Denken und Handeln immer auch Gegen- bzw. Alternativmodelle zur pluralen, religiösen und weltanschaulichen Gegenwartskultur der Bundesrepublik Deutschland, z. B.:
- Die christlich-theokratische Gemeinschaft als gesamtgesellschaftliches Idealmodell (vgl. 4.1 Zeugen Jehovas)
- »Zurück zur Urgemeinde« als Antwort auf die fortschreitende Säkularisierung in Kirche und Gesellschaft (vgl. 4.5 Neuaposto-

---

40 Vgl. die Zusammenfassung von Roman Schaffhauser: Öffentlichkeit und soziale Bewegung, 1997, in: http://www.socio.ch/movpart/t_rschaff.html (letzter Zugriff am 29.12.2016).

lische Gruppen, 4.7 Evangelikale und evangelikale Gemeinschaften, 4.8 Kreationisten, 4.9 Messianische Juden)
- Geoffenbartes Wissen als Antwort und Handlungsoption für die Sinnsuche des modernen Menschen in der säkularen, unübersichtlich gewordenen Gesellschaft (vgl. 4.3 Mormonen, 4.6 Neuoffenbarungsgruppen)
- Die Selbstperfektionierung und Transhumanisierung der menschlichen Existenz als Handlungsoption in der Gegenwart (vgl. 4.2 Scientology, 4.4 Esoterische Gruppierungen)
- Radikalislamische Umgestaltung der Gesellschaft als religiöse und gesamtgesellschaftliche Antwort auf Pluralismus und säkular begründete weltanschauliche und religiöse Indifferenz (vgl. 4.10 Deutschsprachige Gruppierungen mit Sharia-Bezug, 4.11 Salafisten).

Die innerhalb eines religiösen Sonderwegs virulent gewordenen kollektiven Deutungs- und Handlungsmuster stellen reflektierten christlichen Glauben evangelischer Provenienz vor gegenwärtig bedeutende Herausforderungen.

2.2 Religiöse Sonderwege und die apologetische Aufgabe evangelischen Christseins

Gegenwärtige »Religiöse Sonderwege« lassen sich mittels zweier kategorial unterschiedlicher, aber dennoch aufeinander bezogenen Perspektiven genauer beschreiben und deuten: einmal durch eine Außenperspektive, die es vermag, insbesondere die Welt- und Gegenwartsdeutung und das Existenzverständnis des jeweiligen religiösen Sonderwegs und der jeweiligen Plausibilitätsstrukturen beschreibend in den Blick zu nehmen.

Im »Handbuch Weltanschauungen, Religiöse Gemeinschaften, Freikirchen« heißt es dazu prononciert:

»Wir können uns anderen Gemeinschaften nur von außen nähern, wir teilen nicht ihre Innenperspektive. Auch bei ihnen ist dem Sachverhalt Rechnung zu tragen, dass wir ihren Lebensvollzug nicht verstehen können, wenn wir ihn nur mit seiner sprachlichen Artikulation identifizieren.

Wir müssen fragen, was damit jeweils zum Ausdruck gebracht ist, welches Existenzverständnis sich hier mitteilt. Wenn wir für uns in Anspruch nehmen, dass ein bestimmter Lebensvollzug, eine gelebte Wahrheit, nur im jeweiligen Lebensvollzug verstanden und verifiziert werden kann, gilt dies auch für andere religiöse Orientierungen.«[41]

Eine apologetische Auseinandersetzung kann aber sachgemäß dann erst stattfinden, wenn die Außenperspektive mit der Innenperspektive in einen fruchtbaren Dialog tritt:

»Versucht der Glaube, in Gesagtem und Gedachtem zu ergründen, wie die befreiende Wahrheit zu denken ist, auf die hin und von der her er lebt, so kann er dies nur in Auseinandersetzung mit konkurrierenden Lebensorientierungen, d. h. mit deren Versprachlichung und Lebensgestaltung tun. Nur in Bezug auf diese anderen Lebensorientierungen kann er sich selbst verstehen und zur Darstellung bringen. Er versteht sich selbst in Bezug auf anderes und anderes in Bezug auf sich selbst. Die Auseinandersetzungen mit anderen Lebensorientierungen ist daher keine Aufgabe, die nur sekundär zum Sich-selbst-Verstehen und zur Darstellung des eigenen Glaubens hinzutritt, sondern sie ist konstitutiv für das Sich-selbst-Verstehen und die Darstellung des Glaubens. Die konstatierende Rede des Glaubens, die feststellenden und Geltungsanspruch erhebenden Aussagen in deskriptiver Sprache sind folglich nicht nur von den Begriffs- und Vorstellungswelten der jeweiligen Umwelt geprägt (wie etwa die seinshaft-metaphysischen Begrifflichkeiten und Vorstellungen der altkirchlichen Bekenntnisse), sondern immer auch von der Bezugnahme auf konkurrierende Lebensorientierungen.«[42]

Die Semantik des diesem Buch zugrundeliegenden Begriffs »Sonderweg« ermöglicht durch die »Wege-Metapher« die Deutung, dass sich religiöse Gemeinschaften in einem dynamischen Entwicklungsprozess befinden. Dieser Entwicklungsprozess ist dabei nach zwei Seiten offen: einmal als Modus einer »Entsektung«, wie z. B. aktuell bei der Neuapostolischen Kirche beobachtbar, zum anderen aber auch als

---

41 Matthias Pohlmann/Christine Hahn (Hg.): Handbuch Weltanschauungen, Religiöse Gemeinschaften, Freikirchen, Gütersloh 2015, 49.

42 Ebd., 47 f.

Modus einer zunehmenden »Versektung«, wie sie aktuell bei einer Vielzahl freier evangelischer Gemeinden, insbesondere pfingstlich-charismatischer Provenienz, zu sehen ist.

2.3 Theologische Impulse

Die skizzierte »apologetische« Aufgabe evangelischen Christseins wird nunmehr – aus der benannten Innenperspektive – bibeltheologisch bzw. systematisch-theologisch näher bedacht.

2.3.1 Bibeltheologische Impulse zur Bestimmung von Begriff und Gegenstand von Apologetik[43]

In neutestamentlicher Perspektive ist insbesondere auf den 1. Petrusbrief zu verweisen. 1. Petrus 3, 15f. gilt als neutestamentlicher *locus classicus* christlicher Apologetik.[44] Begriff und Gegenstand biblisch begründeter, christlicher Apologetik sind nicht unumstritten. Von daher ist es bemerkenswert, dass die Generalsynode der VELKD im November 2015 »Apologetik« sowohl als systematisch-theologisches wie auch praktisch-theologisches, kirchliches Reflexions- und Handlungsfeld an hervorgehobener Stelle in Erinnerung ruft. In der Entschließung der Generalsynode heißt es:

»Im Zeitalter des weltanschaulichen und religiösen Pluralismus fordert uns die offene Gesellschaft zunehmend heraus, Rechenschaft abzulegen von unserem Glauben. […] Die Verankerung im eigenen Glauben bildet die Voraussetzung, um mit Menschen anderer Konfession, Religion und Weltanschauung in einen konstruktiven Dialog eintreten zu können. In diesem Zusammenhang war es den Synodalen wichtig, auch den Dialog mit Konfessionslosen engagiert zu pflegen und zu fördern. Um anderen

---

43 Die Autoren unterscheiden in der Argumentationslinie des Neuen Testaments und der Alten Kirche Begriff und Gegenstand von »Apologia« und »Apologetik« voneinander. »Apologia« kann verstanden werden als subjektive, vorreflexive Glaubens- und Daseinsgewissheit, »Apologetik« als methodisch reflektierte und gestützte Begründung und Artikulation evangelischer Daseins- und Glaubensgewissheit.

44 Vgl. z.B. Hansjürgen Verweyen: Gottes letztes Wort. Grundriß der Fundamentaltheologie, Regensburg ³2000, 37.

Weltanschauungen offen und urteilsfähig begegnen zu können sowie
Stellung zu nehmen, ist es notwendig, sich des eigenen Glaubens gewiss
zu sein und darüber Auskunft geben zu können.«[45]

Eine Exegese der Verse 1. Petrus 3, 14 ff. lässt zentrale Perspektiven
von »Apologetik« erkennen. Im biblischen Text heißt es:

1. Petr. 3, 14 Aber wenn ihr auch leiden solltet um der Gerechtigkeit willen, glückselig seid ihr! Fürchtet aber nicht ihren Schrecken, seid auch
nicht bestürzt, 15 sondern haltet den Herrn, den Christus, in euren Herzen heilig! Seid aber jederzeit bereit zur Verantwortung jedem gegenüber,
der Rechenschaft von euch über die Hoffnung in euch fordert, 16 aber
mit Sanftmut und Ehrerbietung! Und habt ein gutes Gewissen, damit die,
welche euren guten Wandel in Christus verleumden, darin zuschanden
werden, worin euch Übles nachgeredet wird (ELB).

Der 1. Petrusbrief setzt eine Kommunikationssituation voraus, innerhalb derer die Christen in kleinasiatischen Gemeinden Ende des
ersten nachchristlichen Jahrhunderts der verbalen und nonverba-
len Angriffe ihrer heidnischen Nachbarn gewahr sein müssen.[46] Der
Verfasser des Briefes gibt den derart bedrängten Gemeinden durch
seinen Brief ein Trost- und Mahnschreiben zur Bewältigung dieser
als leidvoll empfundenen Situation an die Hand.[47]

V. 15 Sondern haltet den Herrn, den Christus, in euren Herzen heilig! Seid
aber jederzeit bereit zur Verantwortung jedem gegenüber, der Rechenschaft von euch über die Hoffnung in euch fordert (ELB).

---

45 Entschließung der Generalsynode der Vereinigten Evangelisch-Lutherischen
    Kirche Deutschlands zum Thema: »Reformationsjubiläum 2017 – Christli-
    cher Glaube in offener Gesellschaft«, in: www.velkd.de/publikationen/down-
    load.php?beed13602b9b0e6ecb5b568ff5058f07 Texte aus der VELKD Nr. 173
    (2015), 43.
46 Vgl. z. B. Eduard Lohse: Die Entstehung des Neuen Testaments, Stuttgart
    1982, 132.
47 Ebd., 131 f.

In Vers 15 ermutigt der Verfasser die Gemeinden zur »Apologie« gegenüber jedermann, der nach dem Grund der Hoffnung, die die Gemeinden trägt, fragt.

Die Einheitsübersetzung übersetzt den Akkusativ Singular des Nomens *apologia* mit »Rede und Antwort stehen«. Luther nennt hier »Verantwortung«, die Elberfelder Bibel übersetzt ebenfalls mit »Verantwortung«, in der Menge-Bibel wird »sich verantworten« als Vorschlag genannt, Schlachter schlägt »zur Verantwortung bereit sein« vor. Eine Übersetzung von *apologia* im Wortfeld »Verantwortung, sich verantworten, zur Verantwortung bereit sein« scheint daher angemessen zu sein.[48]

Apologia – verstanden als Verantwortung, sich verantworten – bezieht sich auf eine grundlegende Daseinsorientierung kommunizierende Explikation christlichen Glaubens[49] und christlicher Hoffnung einerseits, auf die Verantwortung in mündlicher Form vor einem öffentlichen Forum andererseits (vgl. Act 22, 1 ff., Act 25). Innerhalb von Vers 15 ist ein argumentatives Gefälle deutlich erkennbar. Die Argumentationslinie verläuft dabei von einer subjektiven Glaubensgewissheit *(apologia)* hin zu einer ›vernünftigen‹ Rechenschaftsmöglichkeit, aber auch Rechenschaftspflicht christlichen Glaubens *(ton aitounti logon).*

Bei der Konstruktion *ton aitounti logon* am Satzende handelt es sich um ein Hapaxlegomenon des 1. Petrusbriefes. Durch diese Hapaxlegomenon-Konstruktion betont der Verfasser auch grammatikalisch die stetig beizubehaltende – dennoch inhaltlich und formal von der *apologia* unterscheidbare – reflektierte Rechenschafts-

---

48 Vgl. Verweyen: Gottes letztes Wort, 37. Vgl. zu den Bedeutungsvarianten: Kur Aland/Barbara Aland (Hg.): Walter Bauer. Griechisch-deutsches Wörterbuch zu den Schriften des Neuen Testaments und der frühchristlichen Literatur, Berlin ⁶1988, Sp. 191 f. (apologeomai) und Sp. 192 (apologia).

49 Vgl. auch 2. Korinther 7, 11: Das im NT an sieben Stellen vorkommende Verb *apologeomai* ist in Bezug auf die Diathese Medium zu den Übersetzungsmöglichkeiten des Mediums (›direkt-reflexiv‹ und ›indirekt-reflexiv‹): Vgl. Reto Schoch: Griechischer Lehrgang zum Neuen Testament, Tübingen 2000, 48 f.; Schoch schreibt dazu: »Direkt-reflexives Medium: Das Subjekt ist zugleich Objekt der Verbalhandlung.« (ebd.). Davon unterscheidbar ist das indirekt-reflexive Medium: »Das Subjekt vollzieht die Handlung im eigenen Interesse, für sich selbst« (ebd., 49).

pflicht, aber auch Rechenschaftsmöglichkeit christlichen Glaubens
und christlicher Hoffnung.

V. 16: Aber mit Sanftmut und Ehrerbietung! Und habt ein gutes Gewissen,
damit die, welche euren guten Wandel in Christus verleumden, darin
zuschanden werden, worin euch Übles nachgeredet wird.

Hier werden »ethische Prinzipien«[50] formuliert:

»Das Antworten und Rechenschaftgeben soll mit Milde und Furcht
geschehen, d. h., sich in ›milder und respektvoller Art, mit gutem Gewissen‹ vollziehen. Damit wird ›zu einer konzilianten, eben nicht aggressiven
Art angehalten‹.«[51]

Christliche Verantwortungsbereitschaft steht unter der Verheißung
Gottes: Die die persönliche Existenz und Daseinsgewissheit des
Befragten einbeziehende Doppelgestaltigkeit des »Zur-Verantwor-
tung-Bereitseins« erfährt im *logon peri täs* [...] *elpidos* (V. 15) ihre
perspektivische Akzentuierung und Zuspitzung und benennt expli-
ziert den Grund ihrer Hoffnung: Die eschatologische Existenz des
Christen in Christus.

Ebenso sind in der Alten Kirche Apologia und Apologetik dia-
logisch orientierte Prozesse.[52] Insbesondere der Habitus und die
biblische Begründung der »christliche(n) Lebenspraxis«[53] sowie die
»Vernunftgemäßheit des christlichen Glaubens«[54] im Dialog sind als
zentrale Argumentationsmuster an dieser Stelle zu nennen.

Michael Fiedrowicz betont die nach innen gerichtete Bedeutsam-
keit apologetischer Argumentation und apologetischer Publikation:

---

50 Norbert Brox: Der Erste Petrusbrief (= EKK XXI), Zürich/Neukirchen-Vluyn
    1979, 160.
51 Ebd.
52 Vgl. Michael Fiedrowicz: Apologie im frühen Christentum. Die Kontroverse
    um den christlichen Wahrheitsanspruch in den ersten Jahrhunderten, Pa-
    derborn/München/Wien/Zürich ²2001, 148.
53 Ebd., 182 ff.
54 Ebd., 227 ff.

»Die pagane Kritik nötigte das christliche Denken zu einer tieferen Durchdringung des Offenbarungsglaubens. Gottesbegriff, Schöpfungslehre, Logos-Christologie, Anthropologie, Eschatologie und Schrifthermeneutik bildeten die wichtigsten Bereiche einer denkerischen Vertiefung im Vergleich zu den biblischen Autoren und den Apostolischen Vätern. [...] Dennoch wurde das christliche Credo in der apologetischen Argumentation nicht auf einsichtige Vernunftwahrheiten reduziert oder durch philosophische Kategorien restlos hellenisiert. Vielmehr besaßen die Apologeten ein klares Bewußtsein vom Spezifikum des Christlichen, das sie gegenüber der paganen Philosophie und Religion herausarbeiteten und zur Geltung brachten.«[55]

Aus dem bisher Gesagten ist u. E. einsichtig geworden, dass die Begegnung und die theologische bzw. religionspädagogische Auseinandersetzung mit religiösen Sonderwegen immer auch zur Klärung und Evokation des subjektiven Welt- und Existenzverständnisses auf evangelischer Basis auffordert.

2.3.2 Religionstheologische Perspektiven

Aus der – insbesondere vom Neuen Testament her vorgenommenen – genaueren Bestimmung des Begriffs *apologia* ist es nunmehr möglich, weitergehende religionstheologische Perspektiven in Bezug auf die religionssoziologisch beschreibbare religiöse und weltanschauliche Pluralität in der Bundesrepublik Deutschland zu formulieren.

In ihrem Grundlagentext *Christlicher Glaube und religiöse Vielfalt in evangelischer Perspektive*[56] bejaht die EKD den in der Gesellschaft der Bundesrepublik Deutschland empirisch vorfindlichen religiösen und weltanschaulichen Pluralismus aus theologischer Perspektive:

»Die evangelische Kirche nimmt den Pluralismus der Religionen und Weltanschauungen nicht nur als ein äußerliches Faktum hin, mit dem man in modernen Gesellschaften eben rechnen müsse. Sie bejaht ihn vielmehr aus grundsätzlichen Überlegungen und aus ihrer eigenen Sache

---

55   Ebd., 313.
56   EKD (Hg.): Christlicher Glaube und religiöse Vielfalt in evangelischer Perspektive. Ein Grundlagentext des Rates der EKD, Gütersloh 2015.

heraus. Da sie die Welt, in der wir leben, als von Gott geschaffene und aus dem Elend der Gottesferne erlöste Welt begreift, sieht sie im Menschen von nebenan, aber auch in den Religionsgemeinschaften auf der anderen Straßenseite nicht nur geduldete Fremde oder tolerierte Andersgläubige, sondern Mitbewohner eines gemeinsamen Raums, Mitbürger einer gemeinsamen Polis und von Gottes Wort Mitangesprochene. Daran ändert auch der Umstand nichts, dass es sich um Mitbürger handelt, welche die gemeinsame Welt anders deuten und erleben und also die Voraussetzungen des christlichen Glaubens nicht teilen. Die Nähe derer, die nicht zustimmen, folglich auch praktisch erfahrene Distanz und Widerspruch gegenüber ihrem eigenen Glauben, ist für evangelische Christinnen und Christen heute nichts Ungewohntes oder Überraschendes. Wie sie von sich selbst wissen, dass der eigene Glaube im Streit mit dem Zweifel steht und in Anfechtungen lebendig bleibt, wie sie den christlichen Glauben nur in der Vielfalt der Konfessionen kennen, so bejahen sie auch, dass andere Religionen in unserer Gesellschaft einen selbstverständlichen Platz haben, ebenso wie religiöse Abstinenz und Desinteresse. Das Vertrauen, dass der den gottlosen Menschen rechtfertigende Gott in den Zweideutigkeiten unserer Lebenswege sein Reich aufrichtet, hält Christinnen und Christen davon ab, vom Chor menschlicher Stimmen nur Harmonie zu fordern.«[57]

In biblischer und christentumsgeschichtlicher Perspektive ist der empirisch vorfindliche Ort des religiösen und weltanschaulichen Pluralismus der Ort kirchlichen »Zeugnis-Gebens«[58] (im Modus von Apologia und Apologetik): »Ihr Zeugnis gegenüber einer Welt voller Unterschiede und Differenzen gilt dem Wort der Versöhnung, das menschliche Abgrenzungen überwindet.«[59]

---

57 Zitiert nach der online verfügbaren Fassung: https://www.ekd.de/EKD-Texte/99224.html (letzter Zugriff am 8.03.2016).

58 Zeugnis-Geben umfasst dabei nicht nur das subjektive persönliche Zeugnis der jeweils an der Begegnung mit religiösen Sonderwegen Beteiligten (*fides, qua creditur*), sondern umfasst ebenso die wissenschaftlich-theologische Klärung der je eigenen Denk- und Argumentationsvoraussetzungen (*fides, quae creditur*).

59 Vgl. https://www.ekd.de/II-Religiose-Vielfalt-und-evangelische-Identitat-564.htm (letzter Zugriff am 8.03.2017).

»Zeugnis-Geben« widerspricht damit der (vielleicht wohlmei-nenden) Nivellierung (pluraler) religiöser Wahrheitsansprüche und fördert gerade damit den für eine demokratische Gesellschaft kons-titutiven und gesellschaftlich notwendigen und begrüßenswerten Pluralismus:

> »Religiösen Pluralismus gibt es nur, solange mehrere Religionen und alternative Grundüberzeugungen nebeneinander bestehen. Versucht man die Vielfalt der Religionen in eine Grundbeziehung zu einer letzten, allen Religionen gleichermaßen transzendenten Wirklichkeit zu integrie-ren, stiftet man - vielleicht - eine neue religiöse Überzeugung, schafft aber mit ihr den Pluralismus wieder ab. Die Behauptung, alle glaubten im Grunde doch dasselbe, führt zu einer Verharmlosung, die weder die Chancen noch die zum Pluralismus gehörenden Herausforderungen und Konflikte wahrnimmt, weil sie ihn durch eine letzte Einheit abmildert und einhegt.«[60]

Evangelische Kirche sieht sich in ihrem »Zeugnis-Geben« an die reformatorischen Prinzipien gebunden: »Die reformatorischen Leit-worte ›allein durch den Glauben, allein durch das Wort, allein durch die Schrift‹ sind zwar auf Eindeutigkeit und Unverwechselbarkeit aus, sie sind aber mit einem Exklusivismus des alleinigen Wahrheitsbe-sitzes nicht zu verwechseln.«[61] Wenig später heißt es:

> »Die sogenannten ›Exklusivpartikel‹ zielen auf das Recht eigener Einsicht in Religionsangelegenheiten und halten daher alles fern, was auf Über-wältigung und Verführung, auf Überredung und Zwang hinausläuft. Da sie die selbsteigene Einsicht der Glaubenden fordern und fördern, stellen sie nicht das Recht des anderen infrage, alles anders zu sehen und darum anderes zu glauben. Wie jedoch das Recht der Meinungsfreiheit seine Pointe verliert, wenn niemand mehr den Mut hat, eine eigene Meinung zu vertreten, so kommt es im Religionspluralismus auf die Freiheit an, eigene Glaubensüberzeugungen auch zu vertreten. Darin weiß sich die

---

60 Ebd.
61 Ebd.

evangelische Kirche mit der römisch-katholischen Kirche einig, die sich
im Zweiten Vatikanischen Konzil zur Religionsfreiheit bekannt hat.«[62]

Katholische Theologie vermeidet – in Analogie zur evangelischen
Kirche – ebenfalls die Verwendung des Begriffs »Sekten« und sieht
den Gegenstand religiöser Sonderwege als fundamentaltheologi-
sche und als missionarisch-pastoraltheologische Aufgabe an. Die
von der Deutschen Bischofskonferenz 2010 eingerichtete »Katholische Arbeitsstelle für missionarische Pastoral« in Erfurt formuliert
hierzu: »Religion und Glaube, Spiritualität und Weltanschauungen
stellen sich in der globalisierten und pluralen Gesellschaft zunehmend vielfältig dar.« Als Aufgabe katholisch-missionarischer Pastoral wird hervorgehoben, dass nicht primär »Sektenkunde« bzw.
»Sektenprävention« im Vordergrund der Aufgabe der Arbeitsstelle
stehe, sondern es sei wichtig, »die innere Logik religiöser Gruppen
und Bewegungen zu erfassen und vom christlichen Standpunkt her
zu reflektieren und zu beurteilen«, wobei »in Dialog und Auseinandersetzung« ein »Beitrag zu einer christlichen Profilierung«[63] geleis-
tet werden solle.

Als Konsequenz lässt sich formulieren: Reflektiertes, konfessionelles Bekenntnis fördert den gesamtgesellschaftlichen, religiösen
und weltanschaulichen Pluralismus und trägt damit zur Wahrung
und Beibehaltung der grundgesetzlich garantierten Religionsfreiheit bzw. des Rechts der freien Religionsausübung bei. Durch die
reflektierte, dialogische Partizipation im »Streit um die Wahrheit«
trägt konfessionelles Bekenntnis damit mittelbar zur Pflege und
Bewahrung der freiheitlich-demokratischen Grundordnung und
zum gesamtgesellschaftlichen Frieden bei.

---

62 Ebd.
63 Vgl. Homepage der »Katholischen Arbeitsstelle für missionarische Pastoral«
    (Hg.): http://www.kamp-erfurt.de/de/weltanschauungen/referat.html (letzter
    Zugriff am 16.3.2017).

2.4 Apologetik in religionspädagogischer Perspektive

Auf die Notwendigkeit biblisch-theologisch begründeter Apologetik bzw. des Bedenkens apologetischer Praxis auch in religionspädagogischer Perspektive sei an dieser Stelle ebenfalls explizit hingewiesen. Aktuell erscheint Apologetik allerdings als religionspädagogische Leerstelle, obgleich es doch zur Authentizität und zum Kerngeschäft einer konfessionellen Religionslehrkraft gehört, die eigene christliche Religion als normbildend für den Religionsbegriff heranzuziehen.

Dazu gehört es, dass man perspektivisch von der eigenen Konfession aus die Inhalte der anderen Religionen wahrnimmt und diese würdigt, was einem inklusiven Modell der Verhältnisbestimmung zwischen Christentum und anderen Religionen entspricht. Ein exklusives Modell würde bedeuten, dass alle anderen Glaubenswege und weltanschauliche Positionen als vom Heil ausgeschlossen betrachtet und als Irrwege beurteilt werden. Das pluralistische Modell betrachtet alle Religionen in ihrer Vielfalt, z. B. das Fach »Religious Education« in England oder der Hamburger Religionsunterricht für alle.[64] Weder ein exklusives noch ein pluralistisches Modell kann im Hinblick auf religiöse Sonderwege angestrebt werden:

»Fruchtbarer erscheint es demgegenüber, den prozesshaften Charakter des Weges zum interreligiösen Lernen nachzuzeichnen, wie er in wechselseitiger Beziehung zur Entwicklung der theologischen und praktischen Vorstöße zum Dialog der Religionen steht.«[65]

Dabei kann eine konfessionelle Positionalität und eine interreligiöse Offenheit zugleich vertreten werden, wie es Mirjam Schambeck treffend beschreibt:

---

64 Vgl. Johannes Lähnemann: Dialog der Religionen: Entwicklung, Modelle, religionspädagogische Relevanz, in: http://www.bibelwissenschaft.de/wirelex/das-wissenschaftlich-religionspaedagogischelexikon/lexikon/sachwort/anzeigen/details/dialog-der-religionen-entwicklung-modelle-religionspaedagogische-relevanz/ch/611574e712734dec50447f5ae3706610/ (letzter Zugriff am 20.2.2017).

65 Lähnemann: Dialog der Religionen, in: ebd. (letzter Zugriff: 20.2.2017).

»Interreligiöse Kompetenz gilt als Fähigkeit und Fertigkeit, als Einstellung und Haltung, angemessen mit dem Religionsplural umzugehen und eine eigene begründete und verantwortungsvolle Position zu Religion angesichts des Religionsplurals einzunehmen.«[66]

Für eine konfessionelle Positionalität ist auch die wissenschaftstheoretische Bestimmung von »RP in der Spannung zwischen Theologie und Pädagogik«[67] wichtig, denn eine allgemeine Religionspädagogik würde bei der Betrachtung eines religiösen Sonderwegs an ihre Grenzen stoßen: Sie kann zwar nach dem Einfluss religiöser Vorstellungen auf den sonstigen Erziehungsprozess fragen, z. B. ob die seelische Gesundheit durch die Einwirkungen einer religiösen Gruppe gefördert oder gehemmt wird (vgl. Kapitel 3.2) oder ob die ethischen Orientierungen einer religiösen Gruppe im Einklang mit dem Grundgesetz stehen (vgl. Kapitel 3.2 und 3.1). Doch für die Ausbildung einer Differenzkompetenz sind facheigene Kriterien und eine Norm zur Beurteilung notwendig, wobei die religiöse Binnenperspektive mit der Außenperspektive changiert.[68] Nur durch die Einnahme beider Perspektiven können religiöse Sonderwege in einen übergreifenden Sinnzusammenhang gestellt werden:

»Religiöse Bildung, die über Religion nur informiert, ohne deren Leistung für diese Verbindung von Weltdeutung und Daseinshermeneutik zu verstehen zu geben, unterbietet die Bedeutung von Religion so weit, dass damit nicht nur ein unzureichendes, sondern geradezu falsches Verständnis von Religion vermittelt wird.«[69]

---

66 Mirjam Schambeck: Interreligiöse Kompetenz. Basiswissen für Studium, Ausbildung und Beruf, Göttingen 2013, 201.
67 Vgl. Günter R. Schmidt: Religionspädagogik zwischen Theologie und Pädagogik, in: ThPr 22 (1987), 21–33.
68 Vgl. Dressler: ebd., 10.
69 Bernhard Dressler: Inkonsistenz und Authentizität. Ein neues religiöses Bildungsdilemma? Bildungstheoretische Überlegungen zu Armin Nassehis religionssoziologischen Beobachtungen, in: Zeitschrift für Pädagogik und Theologie Bd. 64, Heft 2 (2002), 121–134.

Von daher kann als Aufgabe von Apologetik in religionspädagogischer Perspektive formuliert werden: Lehrkräfte des konfessionellen Religionsunterrichts sollen in die Lage versetzt werden, die notwendige Innenperspektive mit der Außenperspektive in Bezug zu bringen, z. B. beim Wahrnehmen, Deuten und Beurteilen im Hinblick auf religiöse Sonderwege. Wichtig ist dabei eine – so Schröder – »transparente Positionalität«[70], z. B. das deutliche Aufzeigen der eigenen Position und das transparente Darstellen des Sonderwegs. Dies kann in der Schule z. B. in Schleiermachers Worten einen »religiösen Gedankenerzeugungsprozess« im Diskurs mit Vertretern anderer Konfessionen und Religionen, aber auch religiöser Sonderwege bewirken.

Gerade im gesamtgesellschaftlichen Kontext einer deutlich erkennbaren und sich zunehmend manifestierenden religiösen bzw. weltanschaulichen Polarisierung[71], ergibt sich die Notwendigkeit, Apologetik in religionspädagogischer Perspektive weiterhin nachhaltig zu bedenken.

Deshalb widmet sich das folgende Kapitel 3 »Differenz, Dialog oder Distanz?« den religionsdidaktischen Einsichten und Perspektiven in Bezug auf die Wahrnehmung und Begegnung mit religiösen Sonderwegen.

---

70 Schröder: Religionspädagogik, 534.
71 Vgl. z. B.: Reinhard Hempelmann: Das christliche Zeugnis im Kontext religiös-weltanschaulicher Vielfalt, in: EKD (Hg.): Tolerant aus Glauben. Lesebuch zur Vorbereitung der 4. Tagung der 10. Synode der Evangelischen Kirche in Deutschland, Berlin 2005, in: https://www.ekd.de/download/ EKD_10_Synode_071005.pdf (letzter Zugriff am 30.12.2016), 15–26; Ders.: Verschärfung des religiösen und weltanschaulichen Pluralismus, in: MD der EZW 79. Jg. (1/2016), 3–12.

3. Differenz, Dialog oder Distanz? – Religionspädagogische Einsichten zum Umgang mit religiösen Sonderwegen

Das Ziel des vorliegenden Bandes ist es, die Ausbildung einer Differenzkompetenz mit Bezug auf »religiöse Sonderwege« zu fördern. Lehrkräften sollen auf der Basis lutherischer Theologie Argumentationshilfen gegenüber den Welt- und Existenzdeutungen ausgewählter »religiöser Sonderwege« an die Hand gegeben werden. So können sie valide Kriterien entwickeln und benennen, mit Hilfe derer sie

- eine dialogorientierte bzw. dialogoffene Differenzkompetenz benennen,
- einen gleichberechtigten, religionstheologischen Dialog initiieren
- oder eine deutliche, abgrenzende Distanz zu den entsprechenden Welt- und Existenzdeutungen formulieren können.

Wir unterscheiden zwischen vier niedrigschwelligen praxisnahen, dennoch grundlegenden Beobachtungs- bzw. Deutungskriterien in Bezug auf religiöse Sonderwege: staatskirchenrechtliche (3.1), anthropologische (3.2), theologische (3.3) und religionspädagogische Kriterien (3.4).

Diese Kriterien ermöglichen der Lehrkraft eine erste Sensibilisierung für die je eigene – professionstheoretisch begründete – apologetische Kompetenz für und im Religionsunterricht und lassen sich gut in Fragestellungen abbilden (besonders 3.2 und 3.3).[72]

---

72 Die verschiedenen Modelle des Zusammenhangs zwischen Religiosität und psychischer Gesundheit liegen den Kriterien und Fragen implizit zugrunde und werden hier nicht weiter ausgeführt. Vgl. zur Verhaltenshypothese, Kohäsionshypothese, Kohärenz-Hypothese, Coping-Hypothese und Selbstwerthypothese: Sebastian Murken: Neue religiöse Bewegungen aus religionspsychologischer Perspektive, Marburg 2009.

3.1 Staatskirchenrechtliche Kriterien

»Religionsunterricht findet in Deutschland im Rahmen der öffentlichen Schule statt und wird staatlich finanziert [...]. Er muss sich in das Bildungskonzept öffentlicher Schulen integrieren lassen und den dort üblichen fachdidaktischen Standards entsprechen.«[73]

Daher ist darauf zu achten, dass auch die Meinungen, Weltanschauungen und Glaubensansichten derjenigen Mitglieder religiöser Sonderwege, die zunehmend am (evangelischen) Religionsunterricht teilnehmen, innerhalb des Demokratierahmens stattfinden.

Juristische Argumentationsmuster gehen dabei nicht vom Begriff der »Toleranz« aus, sondern wählen den Begriff der »Freiheit«, so der ehemalige Staatsrechtswissenschaftler Hans Jürgen Papier:

»Ich als Rechtsexperte kann mit dem Begriff ›Toleranz‹ nicht so viel anfangen. [...] Toleranz kommt in der Rechtssprache nicht vor. Wir haben den Begriff der Freiheit, den es dann auszuloten gilt.«[74]

Das Grundgesetz gewährt positive Religionsfreiheit, d. h. »die ungestörte religiöse Ausübung« und die Unverletzlichkeit der »Freiheit des Glaubens, des Gewissens« und der »Freiheit des religiösen weltanschaulichen Bekenntnisses (GG Art. 4, Abs. 1). Diese positive Religionsfreiheit tritt zugleich mit der negativen Religionsfreiheit – z. B. Recht auf Abmeldung vom Religionsunterricht – in Spannung, wenn etwa Eltern mit dem Bezug auf die negative Religionsfreiheit die Abschaffung des Schulgottesdienstes an einer Schule fordern, welcher aber durch die positive Religionsfreiheit geschützt ist. Das heißt: Durch den Begriff der Religionsfreiheit ist ohnehin schon eine gewisse Spannung vorprogrammiert, deren Lösungsprozess dem demokratischen Landesgesetzgeber obliegt, welcher unter Berück-

---

73 Christian Grethlein: Islamischer Religionsunterricht in Deutschland. Aktuelle Fragen und Probleme, in: Zeitschrift für Theologie und Kirche, Bd. 108 (2011), 355–380, hier: 367.

74 Hans-Jürgen Papier: Vortrag auf der Fachtagung »Zwischen Anwalt und Richter – Zum Umgang mit religiösen Minderheiten in der Reformationszeit und heute«, Erfurt 25.11.2016.

sichtigung der verschiedenen Auffassungen einen für alle zumutbaren Kompromiss sucht.

Hilfreich ist daher zunächst das Kriterium, ob eine bestimmte Gruppierung mit den allgemeinen Menschenrechten bzw. mit den Normen des Grundgesetzes übereinstimmend ist oder ob Gefährdungen bzw. grundlegende Verletzungen der fundamentalen Verfassungsprinzipien wie Demokratie- und Rechtsstaatlichkeit vorliegen.

Die grundgesetzlich verankerte Religionsfreiheit kann und darf im öffentlichen Raum der Schule nicht zur Disposition stehen. Ggf. sind auch strafrechtliche Kriterien zu beachten, insbesondere gilt dies aktuell bei religiösen und weltanschaulichen Gruppen, die »Apostasie« als »todeswürdiges Verbrechen« brandmarken bzw. die freiheitlich-demokratische Grundordnung der Bundesrepublik Deutschland in Richtung einer »Theokratie« transformieren wollen. In diesen Fällen sind stets die Jahresberichte des Bundesamtes für Verfassungsschutz bzw. der einzelnen Landesämter für Verfassungsschutz[75] zu konsultieren.

3.2 Anthropologische Kriterien

Religiosität kann gleichermaßen positive und negative Wirkungsweisen haben, wie es der Religionspsychologe Sebastian Murken formuliert:

»In Religionen und Religiosität können einerseits vielfältige menschliche Bedürfnisse ausgedrückt oder befriedigt werden, andererseits können bestimmte Formen von Religiosität zu dysfunktionalen Gedanken, Gefühlen und Verhaltensweisen führen.«[76]

Da kaum eine religiöse Gruppe pauschal beurteilt werden kann, gilt als weiterer Bewertungsmaßstab die individuelle kontextabhängige Religiosität, d. h. die »psychische Verarbeitung des einzelnen im Ver-

---

75 Vgl. die Homepage des Bundesamtes für Verfassungsschutz: https://www.verfassungsschutz.de/de/oeffentlichkeitsarbeit/publikationen/verfassungsschutzberichte (letzter Zugriff: 13.3.2017).
76 Murken: Neue religiöse Bewegungen, 81.

hältnis zu seiner umgebenden Kultur«. Ausgehend »von den Werten
unserer Kultur wie Individualität, Selbstbestimmung, Zweckrationa-
lität, Wissenschaftlichkeit etc.«[77] schlägt Murken vor, folgende Kriterien bei einer kritischen Einschätzung heranzuziehen:

- *Einschränkung des Denkens:* Wenn nur die eine Wahrheit als
  wahr und unumstößlich gilt und die »Lehre oder Ideologie einer
  Gruppe mit der sie umgebenden Kultur nur schwer vereinbar«
  (168) ist, können nicht nur belastende kognitive und emotionale
  Dissonanzen entstehen, sondern auch eine Abwehr durch fun-
  damentalistisches Gedankengut.

- *Einschränkung des Fühlens:* Wenn innerhalb der Gruppe ein
  Selbstkonzept gefördert wird, mit welchem sich der Mensch als
  »schuldig, klein, ungenügend, verworfen, bedroht, unrein oder
  auf sonstige Weise mangelhaft erlebt« (168), führt dies zu einer
  psychischen Destabilisierung.

- *Einschränkung der Handlungskompetenz:* Wenn der Glaube
  bewirkt, dass der Mensch das Gefühl hat, dass er keine Kontrolle
  über die Welt und das Leben hat, alles sei von höheren Mächten
  oder bestimmten Personen abhängig, verfügt die Person über
  keine »internale Kontrollüberzeugung« mehr.

- *Einschränkung der Beziehungen:* Wenn alle Nicht-Zugehörigen
  als Bedrohung dargestellt werden und somit eine starke Trennung »ingroup-outgroup« (169) entsteht, kann dies zu sozialer
  Isolierung führen.

- *Einschränkung des Verhaltens:* Wenn von der Person Verhaltensweisen (oder Unterlassung derselben) verlangt werden, wobei
  jedoch die Person gegenteilige Motive hat (z. B. eigene sexuelle
  oder keine sexuellen Gefühle, Bedürfnis nach Schlaf, sozialem
  Miteinander, Kommunikation, Autonomie, Information etc.),
  können innerpsychische Konflikte entstehen.

- *Einschränkung des Bewusstseins:* Wenn bestimmte bewusstseins-
  verändernde oder bewusstseineinschränkende Techniken wie
  Meditation, Tranceinduktion, Fasten, Schlafentzug, Drogenein-

---

77 Sebastian Murken: Ungesunde Religiosität – Entscheidungen der Psychologie?, online verfügbar unter: http://www.religionspsychologie.de/inc/down-
load/murken1997.pdf (letzter Zugriff am 26.05.2017), 168.

nahmen zur Manipulation gebraucht werden und damit das All-
tagsbewusstsein als etwas Minderwertiges oder weniger Wichti-
ges abgewertet und damit auch vermieden wird.[78]

3.2.1 Pädagogische und soziale Kriterien

Die anthropologischen Kriterien lassen sich zunächst in pädagogische und soziale Fragestellungen auffächern:

–   Ist die Handlungskompetenz der Person eingeschränkt?
–   Besteht innerhalb des religiösen Sonderwegs eine Gleichberech-
    tigung der Geschlechter?
–   Widerspricht der religiöse Sonderweg »rationalen und kritischen
    Gedanken«[79]?
–   Löst die Religion der Gruppe Konflikte oder evoziert diese Kon-
    flikte mit der sie umgebenden Kultur?
–   Vermittelt der religiöse Sonderweg eine positive »soziale Identität
    und befriedigt Bedürfnisse nach Zugehörigkeit durch Gemein-
    samkeit im Glauben«[80]?
–   Wie hoch ist der Zeitkonsum des Mitglieds bei Veranstaltungen
    des religiösen Sonderwegs und damit der Anteil am Alltagsle-
    ben?[81]
–   Bietet der religiöse Sonderweg ggf. eine »Grundlage für gemein-
    sam ausgeführte, befreiende Rituale«[82], was zu einer positiven
    Glaubens- und Lebenshaltung führen kann?
–   Ist ein freiwilliger Ausstieg aus dem religiösen Sonderweg jeder-
    zeit möglich?
–   Fördert die »Zugehörigkeit zu einer religiösen Gemeinschaft […]
    das Gefühl der Verbundenheit und geht einher mit einem stabilen
    sozialen Netzwerk und dem Gefühl der sozialen Unterstützung«[83]
    oder gibt es Einschränkungen der Beziehungen?

---

78 Vgl. Murken: Ungesunde Religiosität, 168–169.
79 Murken: Neue religiöse Bewegungen, 82.
80 Ebd.
81 Vgl. zum Zeitkonsum bei den Zeugen Jehovas: 18 h/Woche für die Erfül-
    lung von Gemeinschaftspflichten laut Sebastian Murken, Vortrag in Erfurt
    am 23.11.2016.
82 Murken: Neue religiöse Bewegungen, 82.
83 Ebd., 80.

- Geht das positive Selbstwertgefühl innerhalb des religiösen Sonderwegs konform mit gesellschaftlichen Normen oder läuft es
  konträr, was zu einem Rückzug in die Gruppe führen könnte?
- Fördert der religiöse Sonderweg ggf. eine »Aufteilung der Welt in
  ›gute‹ und ›schlechte‹ Menschen«[84]? Denn daraus können Vor-
  urteile und Feindseligkeiten und eine Abschottung zur umgebenden Kultur entstehen.
- Wird innerhalb des religiösen Sonderwegs das autonome und
  individuelle Denken geachtet oder kommt es zu Aspekten von
  Fremdbestimmtheit?
- Kommt es ggf. zu Kindes- oder Jugendlichenbeeinflussung oder
  z. B. zur Indoktrination?
- Kommt es ggf. zu Aspekten von Isolierung und Verwahrlosung?
- Kommt es ggf. zur Einschränkung der körperlichen Unversehrtheit?

3.2.2 Psychologische Kriterien

Des Weiteren sind psychologische Fragestellungen zu anthropologischen Kriterien von Bedeutung:
- Kommt es innerhalb der Gruppe zu Einschränkungen der psychischen Individualität?
- Wird das Kohärenz-Gefühl, d. h. die Resilienz oder Widerstands-
  kraft bzw. werden die persönlichen Ressourcen der Person durch
  die Zugehörigkeit zum religiösen Sonderweg eher gestärkt oder
  eher geschwächt?
- Werden innerhalb des religiösen Sonderwegs bestimmte Gefühle
  evoziert, die selbstwertmindernd und verunsichernd im Lebens-
  alltag sind, z. B. das Fördern von »ungesunden Schuldgefühlen«,
  die »dysfunktionale Unterdrückung von Ärger« oder die Förderung der »Gefühle von Furcht und Angst durch Glauben an
  Sünde und Bestrafung«[85]?
- Wird eine »internale Kontrolle und persönliches Wachstum«[86]
  gebremst oder gefördert?

---

84 Ebd., 82.
85 Ebd.
86 Ebd.

– Fördert der religiöse Sonderweg »Unterordnung, Konformität
  und Suggestibilität mit dem Ergebnis der übermäßigen Abhängigkeit von äußeren Kräften«[87]?
– Geschieht innerhalb des religiösen Sonderwegs eine Einschränkung persönlichen Verhaltens (z. B. sexueller Bedürfnisse)? Werden z. b. sexuelle Gefühle reglementiert, unterdrückt, forciert,
  ausgenutzt, benutzt etc.? Kommt es zu sexueller Kindeswohlgefährdung und/oder sexuellem Missbrauch?
– Kommt es innerhalb des religiösen Sonderwegs zur Einschränkung des Bewusstseins (z. B. Drogen, Fasten etc.)? Helfen meditative Techniken oder schaden sie der Person?
– Kann die Glaubensansicht des religiösen Sonderwegs existentielle Ängste reduzieren oder werden Ängste heraufbeschworen
  und damit geschürt?
– Kann das »Gefühl von Hoffnung, Sinn und Zweck und daraus
  resultierend ein Gefühl emotionalen Wohlbefindens«[88] entstehen
  oder dominieren Gefühle von Sinn- und Zwecklosigkeit, Ohnmachtsempfinden und Hoffnungslosigkeit durch die Ideologie
  der Gruppierung?
– Vermittelt die Glaubensansicht des religiösen Sonderwegs »Vertrauen in die Sinnhaftigkeit von allem, wodurch Schmerz und
  Leid besser erträglich sind«[89], ohne jedoch dabei Gewalt, Leid
  und Schmerz an sich als sinnvoll gutzuheißen?
– Helfen die Gebete innerhalb des religiösen Sonderwegs oder
  schaden sie ggf. dem Selbstwert und führen zu der Verstärkung
  des eigenen ohnmächtigen Verhaltens?
– Bieten die Glaubensansichten des religiösen Sonderwegs »für
  eine Vielzahl situativer und emotionaler Konflikte eine Lösung
  an«[90]? Oder überwiegen eindimensionale Ansichten, die wenig
  variabel sind?
– Kann die Glaubensansicht des religiösen Sonderwegs »zumindest teilweise das beunruhigende Problem der Sterblichkeit durch

---

87 Ebd.
88 Ebd.
89 Ebd.
90 Ebd.

Glauben an ein Weiterleben nach dem Tode«[91] lösen oder die
Sorge mindern? Oder dominiert durch eine etwaige Endzeit-
erwartung das Gefühl von Hoffnungslosigkeit und Ohnmacht?
– Gibt die Glaubensansicht des religiösen Sonderwegs »den Menschen ein Gefühl von Kraft und Kontrolle durch die Verbindung
  mit einer omnipotenten Macht«[92] ohne dabei das Vertrauen in
  eigene Ressourcen und Fähigkeiten zu schmälern? Oder fördert die
  Gruppe »Selbstentwertung und geringes Selbstwertgefühl durch
  Glaubensvorstellungen, die die menschliche Natur abwerten«[93]?
– Vermittelt der religiöse Sonderweg »moralische Richtlinien für
  das Verhalten sich selbst und anderen gegenüber, während ein
  selbstzerstörerischer Lebensstil unterdrückt wird«[94] oder kommt
  es zu unmoralischen oder selbstverletzenden Verhaltensweisen?

3.3 Theologische Kriterien

Darüber hinaus können folgende Fragestellungen als theologische
Kriterien zur ersten Einschätzung eines religiösen Sonderwegs dienen:
– Wie bewertet der religiöse Sonderweg andere religiöse Gruppie-
  rungen, Kirchen und Religionen?
– Können ggf. die »chiliastischen Elemente« der Glaubensvorstel-
  lung des religiösen Sonderwegs hilfreich sein und dem Mitglied
  gar aufzeigen, dass »sein Leben angesichts des offensichtlichen
  Leidens und Bösen in der Welt dennoch Sinn und Zweck hat«[95]?
  Oder sind mit den propagierten chiliastischen Vorstellungen auch
  Schwierigkeiten verbunden, zum Beispiel eine »Abwertung der
  diesseitigen Welt, die mit der Vorhersage konkreter Endzeit-
  termine verbundenen Probleme« einhergeht. Oder besteht ein
  »Zusammenhang zwischen Endzeiterwartungen und Gewalt?«[96]
– Wird z. B. eine positive Gottesbeziehung innerhalb des religiösen
  Sonderwegs geprägt, »in der sich der Gläubige geliebt, gehalten

---

91 Ebd.
92 Ebd.
93 Ebd.
94 Ebd.
95 Ebd., 52.
96 Murken: Neue religiöse Bewegungen, 52.

und unterstützt fühlt«, d. h. »eher selbstwertfördernd«, oder eine
negative Gottesbeziehung, die mit »Schuld, Scham, Enttäuschung
oder Angst verbunden ist« und damit »labilisierend und selbstwertmindernd«[97] wirkt?
- Ist eine Konversion unabdingbar, um zum religiösen Sonderweg
  dazuzugehören? Was geschieht, wenn eine Person keine Konversion aufweisen kann? Und können die Bekehrungserlebnisse, die
  oftmals inneren oder äußeren Lebenskrisen folgen, auch Konsequenzen von »Erleichterung, Symptomreduktion, das Gefühl
  innerer Freiheit, Glücksgefühle sowie Gefühle von Ich-Stärke und
  Kontrolle«[98] nach sich ziehen?
- Wie sehen die elementaren Positionen aus, z. B. zu: Der eine Gott
  als Schöpfer? Das Christuszeugnis? Das Menschenbild?[99]

3.4 Religionspädagogische Kriterien und Schlussfolgerungen

Professionstheoretisch begründete, apologetische Kompetenz definieren wir als prozesshaft, de facto unabschließbar. Apologetische
Kompetenz umfasst dabei – idealtypisch – folgende Phasen:
1. *Wahrnehmungskompetenz:* Zu einem reflektierten kriterienorientierten Beobachten und Beschreiben reicht es nicht, wenn
   die vorgestellten Fragestellungen als »Checkliste« abgearbeitet
   werden, sondern zur »Informationsbeschaffung gehören gere-
   gelte Verfahren: zum Beispiel der Versuch, die Innenperspektive
   einer religiösen Gemeinschaft zur Kenntnis zu nehmen, ihre
   inneren Plausibilitätsstrukturen zu verstehen, aber auch Außen-
   perspektiven einzubeziehen und auf Erfahrungen zu hören, die
   beispielsweise ehemalige Mitglieder mit einer Gruppe gemacht
   haben.«[100]

---

97 Ebd., 80.
98 Ebd., 80.
99 Vgl. Friedman Eißler: Neue religiöse Bewegungen und ihre Bewertung, Vortrag auf der Tagung »Zwischen Anwalt und Richter – Zum Umgang mit religiösen Minderheiten in der Reformationszeit und heute«, Erfurt 25.11.2016.
100 Reinhard Hempelmann: Stichwort Apologetik, in: Materialdienst der EZW 8
   (2013), 311.

2. *Deutungskompetenz:* Erst anschließend kann es zu einem reflektierten, kriterienorientierten Verstehen und Deuten der jeweiligen Daseinsorientierung kommen.

> »Wenn es um die Erhellung der Innenperspektive einer Gruppe geht,
> finden in der apologetischen Arbeit Methoden und Vorgehenswei-
> sen Anwendung, die auch sonst im Bereich sozialwissenschaftli-
> cher Forschung und religionswissenschaftlicher und theologischer
> Hermeneutik angewandt werden. Das in den Selbstaussagen zum
> Ausdruck kommende Wahrheitsverständnis einer Gemeinschaft oder
> Strömung ist in seinen Ausdrucksformen, Plausibilitätsstrukturen
> und Begrifflichkeiten zu ermitteln.«[101]

3. *Urteilskompetenz:* Dann erst kann es zu einer Erarbeitung reflektierter Stellungnahmen zu den Daseinsorientierungen und
Weltanschauungen aus der Perspektive eines Wirklichkeitsverständnisses kommen, das sich der Heiligen Schrift und den
Bekenntnisschriften verpflichtet weiß. Hier kann die Heranzie-
hung der genannten rechtlichen, anthropologischen und theologischen Kriterien hilfreich sein.

4. *Orientierungs-, Dialog-, Beratungs- und Handlungskompetenz:*
Zur Orientierungskompetenz gehört, dass die Lehrkraft in einen
Dialog sowohl mit der ganzen Klasse als auch mit einem Schüler
eines religiösen Sonderwegs treten kann. Dabei sollte sie sensibel,
wertschätzend und beratend auftreten.

Um dialog- und handlungsfähig zu sein, sollte sie staatliche
und kirchliche Informations-, Orientierungs- und Beratungs-
möglichkeiten kennen (vgl. Onlinematerial: Adressenverzeichnis).

5. *Deiktische Kompetenz* (Dressler): Erst wenn dieser komplexe
Vorgang erfolgt ist, kann der eigentliche Vermittlungsprozess
beginnen: Hier zeigt sich die Kompetenz des »Religion-Zeigen-
Könnens«, d. h. konkret die Transformation der erworbenen
Orientierungs- und Beratungskompetenz in eine schulartspezi-
fische Sach- und Handlungskompetenz für die Schülerinnen und
Schüler, damit diese die Grundlagen des christlichen Glaubens

---

101 Ebd.

verstehen und Gespräche interpretieren[102], »kriterienbewusst lebensförderliche und lebensfeindliche Formen von Religionen unterscheiden«[103] und den eigenen Glauben in Gesprächen begründen und ggf. auch im Sinne der oben genannten Apologia darlegen können.

Religionspädagogische Kriterien:

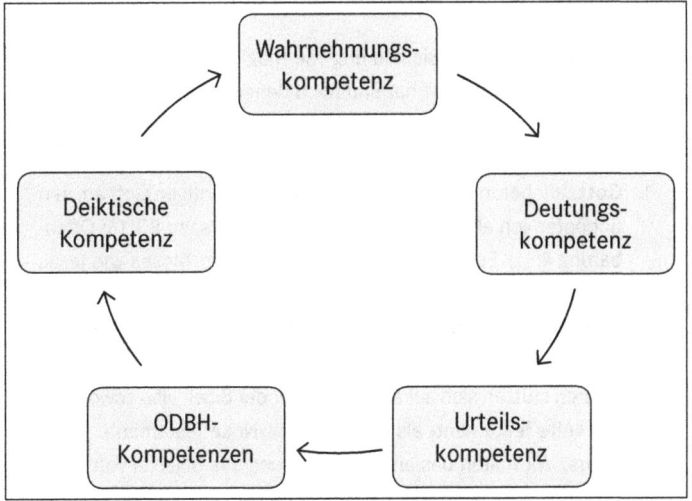

Abbildung 4

---

102 EKD (Hg.): Kompetenzen und Standards für den Evangelischen Religionsunterricht in der Sekundarstufe I., 20.
103 Vgl. Dietlind Fischer/Volker Elsenbast (Hg.): Grundlegende Kompetenzen religiöser Bildung, 19.51.

4. Weltanschauliche und religiöse Sonderwege

Wahrnehmungs-, Deutungs-, Urteils-, Orientierungs- und deiktischen Kompetenzen werden im Folgenden an elf exemplarischen religiösen Sonderwegen vorgestellt und durch entsprechende Informationen und Arbeitsfragen eingeübt.

 ## 4.1 Religiöse Sonderwege der Zeugen Jehovas

Jehovas Zeugen halten sich so eng wie möglich an die christlichen Lehren, die Jesus gelehrt hat und nach denen seine Apostel gelebt haben. Im Folgenden werden einige unserer wesentlichen Glaubenslehren zusammengefasst:

1. **Gott.** Wir beten den allein wahren und allmächtigen Gott an, den Schöpfer von allem. Sein Name ist Jehova (Psalm 83:18; Offenbarung 4:11). Er ist auch der Gott von Abraham, Moses und Jesus (2. Mose 3:6; 32:11; Johannes 20:17).

2. **Bibel.** Für uns ist die Bibel die Botschaft von Gott an die Menschheit (Johannes 17:17; 2. Timotheus 3:16). Unsere Glaubensansichten stützen sich auf alle 66 Bücher der Bibel, also sowohl auf das »Alte Testament« als auch auf das »Neue Testament«. [...]

3. **Jesus.** Wir halten uns an die Lehren und das Beispiel von Jesus Christus. Wir erkennen ihn als unseren Erlöser und als Sohn Gottes an (Matthäus 20:28; Apostelgeschichte 5:31). Wir sind also Christen (Apostelgeschichte 11:26). Allerdings glauben wir nicht, dass Jesus der allmächtige Gott ist. Genauso gibt es keinen biblischen Beleg für die Lehre der Dreieinigkeit (Johannes 14:28).

4. **Das Reich Gottes.** Das Königreich Gottes ist eine reale Regierung im Himmel, nicht irgendetwas in uns oder in unserem Herzen. Es wird alle Regierungen auf der Erde ablösen und das umsetzen, was Gott für die Erde vorgesehen hat (Daniel 2:44; Matthäus 6:9, 10). Das wird schon bald geschehen, denn die Bibel zeigt klar, dass wir »in den letzten Tagen« leben (2. Timotheus 3:1-5; Matthäus 24:3-14). Jesus ist der König von Gottes Königreich im Himmel. Er regiert seit 1914 (Offenbarung 11:15).

5. **Rettung.** Erlösung von Sünde und Tod ist nur durch den Opfertod Jesu Christi möglich (Matthäus 20:28; Apostelgeschichte 4:12). Um gerettet zu werden, muss man an Jesus glauben, aber auch sein Leben umstellen und sich taufen lassen (Matthäus 28:19, 20; Johannes 3:16; Apostelgeschichte 3:19, 20). Durch entsprechende Taten zeigt man, ob man einen lebendigen Glauben hat (Jakobus 2:24, 26). Allerdings kann sich niemand die Rettung verdienen. Wir sind auf die unverdiente Gnade Gottes angewiesen (Galater 2:16, 21).

6. **Himmel.** Jehova, Jesus Christus und die treuen Engel leben im Himmel als Geistwesen (Psalm 103:19–21; Apostelgeschichte 7:55). [...] Eine relativ kleine Anzahl von Menschen, nämlich 144 000, werden nach ihrem Tod im Himmel leben und dort zusammen mit Jesus regieren (Daniel 7:27; 2. Timotheus 2:12; Offenbarung 5:9, 10; 14:1, 3).

7. **Erde.** Gott schuf die Erde, damit sie für immer von Menschen bewohnt wird (Psalm 104:5; 115:16; Prediger 1:4). Wer sich an Gottes Gebote hält, wird von ihm mit vollkommener Gesundheit und ewigem Leben im Paradies auf der Erde belohnt (Psalm 37:11, 34).

8. **Das Böse.** Es fing an, als ein Engel Gottes rebellierte (Johannes 8:44). Dieser Engel, der danach als »Satan« und »Teufel« bezeichnet wurde, verleitete die ersten beiden Menschen dazu, ebenfalls gegen Gott zu rebellieren. Die Folgen für ihre Nachkommen waren verheerend (1. Mose 3:1–6; Römer 5:12). Um die grundsätzlichen Fragen zu klären, die Satan aufwarf, lässt Gott das Böse für eine gewisse Zeit zu. Aber er wird allem Bösen und allem Leid ein Ende setzen.

9. **Tod.** Wer stirbt, hört auf zu existieren (Psalm 146:4; Prediger 9:5, 10). Keiner wird in einer Hölle gequält. Gott wird aber Milliarden Menschen wieder auferwecken (Apostelgeschichte 24:15). Doch wer dann nicht auf Gott hören will, wird für immer vernichtet – ohne Hoffnung, jemals wieder zu leben (Offenbarung 20:14, 15). [...][104]

---

104 Das Glaubensbekenntnis der Zeugen Jehovas, in: https://www.jw.org/de/jehovas-zeugen/haeufig-gestellte-fragen/was-glauben-zeugen-jehovas/ (letzter Zugriff am 12.03.2017).

Allgemeine Informationen

Die Gründung der Glaubensgemeinschaft der Jehovas Zeugen geht maßgeblich auf die religiöse Sucherschaft von Charles Taze Russell (1852–1916) in den USA in den letzten drei Dekaden des 19. Jahrhunderts zurück. Russell und seine laientheologische Gemeinschaft verstanden sich als »Ernste Bibelforscher«, die den Versuch unternahmen, den Wahrheitsgehalt der Bibel bzw. ihrer Aussagen mit Hilfe naturwissenschaftlich-mathematischer Methoden zu verifizieren. Insbesondere die Anwendung dieses hermeneutischen Prinzips führte zur gegenwärtig außer Kraft gesetzten Praxis der Jehovas Zeugen, das Ende der Welt und die sichtbare Wiederkunft Christi exakt berechnen zu wollen (1872/73, 1914, 1975).

Die Gründergeneration der Zeugen Jehovas und die von Russell gegründete Zeitschrift *Der Wachtturm* hat Anteil am zeitgenössischen, deutlich ausgeprägten Kultur- und Gesellschaftspessimismus, der das Verhalten und die Positionierung der Gemeinschaft zur »Welt«, aber auch zu den beiden Großkirchen bis heute nachhaltig prägt.

Der Prämilleniarismus Russells erhielt von seinem Nachfolger, Joseph Franklin Rutherford (1869–1942), die Organisationsform als Modus einer »theokratischen Gemeinschaft«, die sich als exklusivistische »gegenweltliche« und »gegenkirchliche« Gemeinschaft versteht, der es obliegt, der unweigerlich verlorenen Welt den einzig möglichen Weg der Rettung aufzuzeigen.[105]

Rutherford transformierte die bis dato bestehenden, eher lose miteinander verbundenen Versammlungen der »Ernsten Bibelforscher« mit Hilfe verkaufsstrategischer und wirtschaftsstrategischer Methoden in einen »Religionskonzern«. Auf Rutherford geht die Umbenennung der »Ernsten Bibelforscher« in »Jehovas Zeugen« zurück, ebenso die Schulung der »Wachtturm«-Missionare, die

---

105 Religionstheologische Dialoge der Verfasser mit Vertretern der Zeugen Jehovas, ebenso die umfangreiche »apologetische« Literatur auf der Homepage https://www.jw.org/de/lassen den Wunsch der Glaubensgemeinschaft erkennen, in der Öffentlichkeit nicht mehr als klassische »Sekte« wahrgenommen zu werden. Ob dieser Wunsch allein strategischen Zielen dient, oder als Hinweis auf eine sehr vorsichtige »Entsektung« der Glaubensgemeinschaft zu werten ist, muss momentan offen bleiben.

Haus-zu-Haus-Besuche, die monatliche Berichtspflicht der Missionare sowie die Errichtung der so genannten »Königreichssäle«.

Die Zeugen Jehovas erkennen für sich als zentrale, authentische Bibel-Übersetzung die von ihnen ab 1950 herausgegebene »Neue-Welt-Übersetzung«[106] an. Die englischsprachige »Neue-Welt«-Übersetzung beansprucht eine genaue Übersetzung »unter getreuer Berücksichtigung der hebräischen, aramäischen und griechischen Ursprache«[107] zu sein, sollte aber auch als in den ursprachlichen Textbestand eingreifende, die Glaubenslehre der Jehovas Zeugen unterstützende und diese kommentierende bzw. interpretierende Übertragung beschrieben bzw. verstanden werden.[108]

Die Bibel-Übertragung der Jehovas Zeugen distanziert sich von der historisch-kritischen Methodenvielfalt biblischer Exegese. Sie arbeitet mit einem Kettenverweis-System biblischer Texte untereinander, d. h., die biblischen Texte werden aus ihrem historischen Kontext herausgelöst und genießen – unabhängig von Alter und Kontext – eine identische informationstheoretische Dignität. In der Perspektive der Zeugen Jehovas ist es möglich und notwendig, mit Hilfe der skizzierten bibelhermeneutischen Methodik einen verborgenen (dispensationalistischen) Heilsplan Gottes durch kontinuierliches Bibelstudium zu entdecken.

Durch den Rekurs auf einen – meist sieben »Haushaltungen« (Dispensationen) Gottes – umfassenden Heilsplan, dessen Erkennen und lebensweltliche Annahme allein zur Errettung führt, hat die Glaubensgemeinschaft der Zeugen Jehovas Anteil am Phänomen des christlichen Fundamentalismus.

---

106 Der Text der »Neue-Welt-Übersetzung« ist online verfügbar unter: https:// www.jw.org/de/publikationen/bibel/bi12/bibelbuecher/#?insight(search_ id)=71989c0e-f264–4e12-be90-cf2ed77a1034&insight(search_result_in-dex)=7 (letzter Zugriff am 12.03.2017).

107 Vgl. Wachtturm Bibel- und Traktat-Gesellschaft, Selters/Taunus (Hg.): Neue-Welt-Übersetzung der Heiligen Schrift – mit Studienverweisen (übersetzt nach der revidierten englischen Ausgabe 1984 unter getreuer Berücksichtigung der hebräischen, aramäischen und griechischen Ursprache).

108 Vgl. die Hinweise bei Dietrich Hellmund: Die »Neue-Welt-Übersetzung«: die Bibel der Zeugen Jehovas, in: Materialdienst der EZW 69 (2006) 1, 19–27.

Die Zeugen Jehovas verwerfen die altkirchliche Trinitätslehre
(Konzil von Nicäa 351) ebenso als unbiblisch wie die christologischen Distinktionen des Konzils von Chalcedon (451). Sie lehnen
die altkirchliche Zwei-Naturen-Lehre Christi ab, votieren für eine
adoptianische Christologie und sprechen davon, dass der Tod Jesu
»am Pfahl« als Beispiel für das Martyrium des Lehrers einer neuen
religiösen Bewegung zu deuten sei.

In ethischer Perspektive unterscheiden sich die von der »Wachtturm-Gesellschaft« vorgegebenen moralischen Normen von der
Gesellschaft:

- Lebenserhaltende Bluttransfusionen werden mit Verweis auf
  1. Mose 9, 3–5 und Apg. 15, 21 abgelehnt.

- Private Feste werden ebenso wie Feste mit explizit christlichem
  Bezug (Weihnachten, Ostern, Pfingsten) häufig unter dem
  Gesichtspunkt einer »heidnischen Gefährdung« wahrgenommen. Die aktive und passive Teilnahme an diesen Festen obliegt
  zwar der Gewissensentscheidung des einzelnen Mitglieds, gleichwohl werden sie und die Teilnahme daran kritisch eingeschätzt
  und ggf. abgelehnt.

- Die Wahrnehmung staatsbürgerlicher Rechte (aktives und pas-
  sives Wahlrecht) durch Mitglieder der Glaubensgemeinschaft
  wird diesen mittlerweile zugestanden. Sie werden aber aufgefordert, die Wahrnehmung staatsbürgerlicher Rechte immer auch
  aus der Perspektive einer Gefährdung des Glaubens durch die
  »Kollaboration« mit dem »heidnischen, anti-christlichen« Staat
  zu verstehen und entsprechend »sorgsam« damit umzugehen.[109]

---

109 Vgl. die Hinweise auf der Homepage der »Jehovas Zeugen« zur Frage: »Wa-
    rum sind Jehovas Zeugen neutral?«. Dort heißt es: »Jehovas Zeugen sind aus
    religiösen Gründen politisch neutral und orientieren sich dabei an der Bibel.
    Wir sind keine Lobbyisten, wählen weder eine Partei noch einzelne Kandi-
    daten, bewerben uns nicht um politische Ämter und stellen uns auch nicht
    auf die Seite irgendeiner Opposition.« Zitiert nach: https://www.jw.org/de/
    jehovas-zeugen/haeufig-gestellte-fragen/politisch-neutral/#?insight(search_
    id)=b1e123ae-f397–4f84–9fe6-aed98c80e898&insight(search_result_in-
    dex)=12 (letzter Zugriff am 07.06.2017).

Ein bedeutsames Instrument zur Durchsetzung der vorgegebenen moralischen Normen bildet der von den Gemeinde-Ältesten verhängte »Gemeinschaftsentzug«, der mittels sozialer Isolation die Reue und Buße des »Verirrten« zu evozieren versucht.

Interessanterweise ist es der Gemeinschaft der Jehovas Zeugen gelungen, in allen Bundesländern Körperschaftsrechte zugesprochen zu bekommen (Stand 2017). In der Perspektive von Jehovas Zeugen wird dieser juristische Vorgang dahingehend interpretiert und gedeutet, sie seien nunmehr eine »anerkannte« Religionsgemeinschaft in der Bundesrepublik Deutschland, obgleich das Religions- und Weltanschauungsrecht einen solchen Status nicht kennt bzw. vorsieht.

Arbeitsfragen zum eschatologischen Missionsverständnis der Zeugen Jehovas

Bearbeiten Sie die nachfolgenden Fragen zur Förderung Ihrer apologetischen Wahrnehmungs-, Deutungs-, Urteils-, Dialog- und deiktischen Kompetenz mit Bezug auf das eschatologische Missionsverständnis.

Zur Wahrnehmungskompetenz: Beschreiben Sie, wie und in welchen Kontexten Sie die »Verkündiger« der Zeugen Jehovas wahrgenommen haben. Diskutieren Sie, wie Sie sich als Gesprächspartner missionarischer Verkündigung (Haus-zu-Haus-Mission) gefühlt haben.

Zur Deutungskompetenz: Die »Wachtturm-Gesellschaft« versteht sich als einziger »Kanal Gottes« im Kontakt zu den Menschen. Sie evoziert das nahe bevorstehende Weltende und die unweigerlich bevorstehende endzeitliche Schlacht von Harmagedon (Offb. 16). Gleichermaßen kennt die »Wachtturm-Gesellschaft« ein dreistufiges Rettungs- bzw. Vernichtungsmodell Gottes in Bezug auf das nahe bevorstehende Weltende:

- 144.000 (von denen nur noch wenige leben), werden vor der Schlacht von Harmageddon verklärt mit Christus im Himmel herrschen.
- Sich unermüdlich bemühende Gläubige werden – unberührt von der Endzeitkatastrophe – in einem irdischen Paradies leben.

- Menschen, die sich nicht der Lehre der »Wachtturm-Gesellschaft« anschließen, werden unweigerlich in der Endzeitkatastrophe vernichtet werden.

Deuten Sie vor diesem Hintergrund das missionarische Engagement der »Verkündiger« der Zeugen Jehovas.

Zur Urteilskompetenz: Die Zeugen Jehovas lehnen die altkirchlichen Dogmen (Trinitätslehre, Christologie) ab bzw. verwerfen diese. Beurteilen Sie, ob von daher der Selbstanspruch der Zeugen Jehovas nachvollziehbar ist, christliche Gemeinschaft (»with a little difference«) sein zu wollen.

Zur Dialogkompetenz: Die Zeugen Jehovas verwerfen die Ökumene bzw. dialogorientierte, ökumenische Beziehungen. Halten Sie es gleichwohl für sinnvoll, einen theologischen Dialog z. B. mit den Ältesten der Ortsversammlungen des örtlichen Königreichssaals zu führen? Begründen Sie ihre Position theologisch.

Zur deiktischen Kompetenz: Die Frömmigkeitsstruktur der Glaubensgemeinschaft der Zeugen Jehovas changiert zwischen den Polen Angst und Hoffnung. Sie ist geprägt durch die Motivation, primär durch die Mitgliedschaft in der Glaubensgemeinschaft und durch eigene ethisch-moralische bzw. missionarische Leistung zu den Erretteten zu gehören. Schüler, die oft und gern an Ihrem Religionsunterricht teilnehmen, haben meist den Leistungsgedanken in Bezug auf religiöse Orthodoxie und Orthopraxie bereits verinnerlicht.

Bitte entwerfen Sie – mit Blick auf die apostrophierten Kinder und Jugendlichen – eine Unterrichtssequenz zur paulinischen Rechtfertigungslehre mit Hilfe der Kinder- und Jugendtheologie[110], in der ein Akzent auf der befreienden Botschaft der Rechtfertigungsgnade liegt.

---

110 Vgl. Pfister/Roser: Fachdidaktisches Orientierungswissen, 62–83.

Religionspädagogische und
praktisch-theologische Perspektiven

Differenzen wahrnehmen können:

In der religionspädagogischen Berufspraxis hat es sich als hilfreich erwiesen, eine von gegenseitigem Respekt geprägte Kommunikationskultur, in der die unüberbrückbaren theologischen Unterschiede nicht nivelliert werden, insbesondere mit leitenden Vertretern des örtlichen Königreichssaals aufzubauen und zu pflegen.

Dabei gilt es jedoch die Differenzen deutlich zu benennen:

Jehova wird meist mit alt-, statt mit neutestamentlichen Bildern beschrieben, sodass strenge Richterzüge überwiegen.[111] Daher wird oft die »Frohbotschaft des Evangeliums in eine Drohbotschaft des Gerichts« verkehrt und »die für das Christentum konstituierende Gnadenlehre«[112] fehlt.

Ebenso ist es abzulehnen, dass gewissermaßen dem Handeln Gottes vorgegriffen wird, weil Zeugen Jehovas glauben, dass bei der Endzeitschlacht nur die Angehörigen ihres religiösen Sonderwegs überleben werden. Dieser Exklusivitätscharakter reicht so weit, dass alle anderen Menschen der Feindschaft zu Gott bezichtigt werden, wodurch Gottes Barmherzigkeit infrage gestellt wird.

Zudem ist der lutherische Gedanke der Rechtfertigung allein aus Glauben für die Zeugen Jehovas abwegig, da sie eher Gehorsam gegenüber der theokratischen Organisation, im Einhalten der Vorschriften und in der Verkündigung, fordern. Es gibt keine Rechtfertigungsgewissheit, sogar die 144.000 Gesalbten können sich nicht ganz sicher sein.

Im Schriftverständnis der Zeugen Jehovas gilt jeder Buchstabe der Bibel als göttlich inspiriert und damit gleichwertig. Schriftstellen werden vorkritisch (in Form von Kettenverweisen) miteinander verbunden. Dieses Verfahren führt dazu, dass der historische

---

111 Https://www.jw.org/de/publikationen/buecher/gottes-naehe-suchen/liebe/ jehova-gott-ist-liebe/, vgl. Roland Biewald: Zeugen Jehovas, in: Lachmann/ Rothgangel/Schröder (Hg.): Christentum und Religionen elementar, 217–233, hier: 221.

112 Ebd.

Kontext der entsprechenden Bibelstelle häufig in den Hintergrund
gerückt wird, da sich die Schriftstellen prinzipiell auf der identischen
»überhistorischen« Ebene befinden. Die »Leitende Körperschaft« der
Glaubensgemeinschaft beansprucht für sich, die biblischen Schriften immer besser zu verstehen und in einem »Top-Down«-Prinzip
die entsprechenden exegetischen Erkenntnisse[113] an die Gemeinden
und Mitglieder der Glaubensgemeinschaft zum gehorsamen, lebens-
praktischen Nachvollzug (vgl. die Frage der Bluttransfusionen) über-
mitteln zu können.

Dies steht einem lutherischen Schriftverständnis entgegen, welches betont, dass sich die Heilige Schrift selber auslegt[114] und Wider-
sprüche bzw. unterschiedliche Perspektiven der Bibel als Bereicherung des christlichen Glaubens wahrnimmt.

Dialog ermöglichen können:

Im Kontext von Schule und Unterricht können immer wieder Kon-
fliktsituationen im Blick auf die Kinder und Jugendlichen (Teilnahme an Klassenfahrten und an schulischen Veranstaltungen) entstehen. Meist gelingt es, im offenen und respektvollen Gespräch mit
Eltern und Erziehungsberechtigten, niederschwellige, nicht-verall-
gemeinerbare Kompromiss-Lösungen (schriftlich niedergelegte Ver-
einbarungen) zum Wohle der Kinder und Jugendlichen zu finden,
die deren möglichen Außenseiter-Status nicht weiter verfestigen.

---

113 Zu diesen apostrophierten exegetischen Erkenntnissen gehört die Tran-
skription des alttestamentl. Gottesnamens Jahwe mit »Jehova«, der sprach-
geschichtlich zwar möglich ist, allerdings nicht dem sprachlichen Befund
der hebräischen Texte des AT zur Zeit ihrer Entstehung entspricht. Vgl.
Bob Becking: Art. Jahwe (2006), online verfügbar unter: http://www.bi-
belwissenschaft.de/wibilex/das-bibellexikon/lexikon/sachwort/anzeigen/
details/jahwe/ch/116b273e55d13db9cf192fbdab85107d/ (letzter Zugriff am
20.06.2017), der darauf hinweist, dass die Wiedergabe des Gottesnamens
Jahwe durch »Jehovah« auf den Dominikanerpater Raimundus Marti in seiner Schrift *Pugio Fidei adversus Mauros et Judaeos* aus dem 13. Jahrhundert
zurückgeht.
114 Vgl. Handbuch Weltanschauungen. Religiöse Gemeinschaften, Freikirchen,
Göttingen/München 2015, 424–425.

Distanz einnehmen können:

Lehrerinnen und Lehrer sind aufgrund ihrer Fürsorgepflicht immer aufgefordert, sich an das Jugendamt bzw. entsprechende kirchliche und staatliche Beratungsstellen zu wenden, wenn eine aktuelle Kindeswohl-Gefährdung vorliegt, z. B. körperliche und/oder psychische Gewalt, zeitliche Überbelastung der Kinder und Jugendlichen.

Es hat sich in der Berufspraxis als wenig hilfreich und ergiebig erwiesen, die direkte theologische Auseinandersetzung mit den »Haus-zu-Haus«-Verkündigern der Glaubensgemeinschaft aufzunehmen. Überspitzt kann formuliert werden, dass es die Aufgabe und die Pflicht der apostrophierten Verkündiger ist, Bekehrungen herbeizuführen, den Weg in die Versammlungen der Glaubensgemeinschaft zu öffnen und über die »Bekehrungserfolge« auch minutiös Buch zu führen.

An dieser Stelle ist der Hinweis auf das Desinteresse am Angebot der Zeugen Jehovas bzw. das Eingebundensein in die örtliche Kirchengemeinde sicherlich sinnvoll. Sowohl aus theologischen als auch religionspädagogischen Gründen ist davon abzuraten, Angehörige der Zeugen Jehovas als Gesprächs- und Dialogpartner in den Religionsunterricht einzuladen.

Quellen und Literaturhinweise

Primärquellen

https://www.jw.org/de – mit vielen kostenfreien Audio-, Video- und E-Book-Downloads (diese Seite dokumentiert auch theologische Akzentverschiebungen in der Lehre der Glaubensgemeinschaft)

Sekundärliteratur

Roland Biewald: Zeugen Jehovas, in: Rainer Lachmann/Martin Rothgangel/Bernd Schröder (Hg.): Christentum und Religionen elementar, Göttingen 2010, 217–233

George D. Chrysiddes: Historical Dictionary of Jehovah's Witnesses, Lanham 2008.

Andreas Fincke: Die christlichen Sondergemeinschaften und sog. Sekten, in: Panorama der neuen Religiosität, hg. von R. Hempelmann u. a., Gütersloh ²2005, 511–608

Detlef Garbe/Hans-Jürgen Twisselmann: Glaubensgehorsam und Märtyrergesinnung: die Verfolgung der Zeugen Jehovas im »Dritten Reich«. Satans System oder Gottes Zulassung auf Zeit, EZW-Texte 145, Berlin 1999

Helmut Obst: Apostel und Propheten der Neuzeit. Gründer christlicher Religionsgemeinschaften des 19. und 20. Jahrhunderts, Göttingen 2000, 409–454

4.2 Religiöse Sonderwege der Scientology-»Kirche«

L. Ron Hubbard entdeckte die einzige Quelle von Albträumen, unver-
nünftigen Ängsten, Verstimmungen, Unsicherheiten und psychosoma-
tischen Krankheiten – den reaktiven Verstand. In seinem Buch *Dianetik:
Der Leitfaden für den menschlichen Verstand* beschrieb er den reaktiven Verstand detailliert und zeigte eine einfache, praktische, leicht ver-
mittelbare Methode auf, mit der man ihn überwinden und den Zustand
Clear erreichen kann. Dianetik ist diese Methode. [...] Der Verstand ist
grundsätzlich ein Kommunikations- und Kontrollsystem zwischen dem
Thetan – dem geistigen Wesen, das die Person selbst ist – und seiner
Umgebung. Er setzt sich aus geistigen Eindrucksbildern zusammen, die
Aufzeichnungen vergangener Erfahrungen sind. Der Mensch benutzt
seinen Verstand, um Probleme, die sich auf sein Überleben beziehen,
zu stellen und zu lösen, sowie um seine Handlungen entsprechend
dieser Lösungen zu lenken. Der Verstand setzt sich aus zwei Teilen
zusammen – dem analytischen Verstand und dem reaktiven Verstand.
Der analytische Verstand ist der rationale, bewusste, aufmerksame Verstand, der überlegt, Tatsachen beobachtet, an die er sich dann erinnert,
und Probleme löst. Der reaktive Verstand ist der Teil des Verstands
einer Person, der auf einer vollkommenen Reizreaktionsbasis arbeitet.
Er ist nicht unter ihrer willensmäßigen Kontrolle und übt Zwang und
die Befehlsgewalt über Bewusstsein, Absichten, Gedanken, Körper und
Aktionen aus. [...] Der reaktive Verstand speichert keine Erinnerungen
der Art, wie wir sie kennen. Er speichert bestimmte Arten geistiger Ein-
drucksbilder, die *Engramme* genannt werden. Diese Engramme sind
vollständige, bis ins kleinste Detail gehende Aufzeichnungen von allen
Wahrnehmungen, die in einem Augenblick teilweiser oder vollständiger
»Bewusstlosigkeit« vorhanden waren.

»Bewusstlosigkeit« könnte durch den Schock eines Unfalls, die
Betäubungsmittel während einer Operation, während des Schmerzes
einer Verletzung oder dem Delirium einer Krankheit verursacht werden. Während jener Zeiten, in denen der analytische Verstand ganz
oder teilweise ausfällt, schaltet sich der reaktive Verstand ganz oder
teilweise ein. Ein Engramm existiert unter der Ebene der Bewusstheit,
kann jedoch aktiviert werden, um seinen Inhalt geltend zu machen, und
kann nicht ausgewertete, unbewusste und unerwünschte Ängste, Emo-

tionen, Schmerzen und psychosomatische Krankheiten verursachen. In der Dianetik erzählt die Person ein Geschehnis der »Bewusstlosigkeit« wieder – vom Beginn bis zum Ende, solange, bis das Engramm *reduziert* ist, was bedeutet, dass alle Ladung oder aller Schmerz aus einem Geschehen herausgenommen oder *gelöscht* wird, was wiederum bedeutet, dass das Geschehnis für immer verschwunden ist. In jedem Fall ist das Individuum frei von der [...] Wirkung des Geschehnisses, und es kann eine enorme Erleichterung erleben und eine höhere emotionale Stufe erreichen. Das ist das Wunder der Dianetik. [...]

Der Mensch kann viele höhere Zustände des Daseins erlangen, und sie können durch Scientology erreicht werden. L. Ron Hubbard beschrieb diese Zustände präzise und erklärte dann, wie sie zu erreichen sind, indem er sie auf einer Karte anordnete, die jeden Schritt auf dem Weg nach oben grafisch veranschaulicht. Die Karte, die diese Abstufungen der geistigen Verbesserung zeigt, heißt *Klassifizierungs-, Gradierungs- und Bewusstseinskarte. Klassifizierung* bezieht sich auf die Ausbildung in Scientology. Es sind bestimmte Schritte und Fertigkeiten erforderlich, bevor jemand als Auditor jeder beliebigen Stufe klassifiziert ist und zur nächsten Klasse zugelassen werden kann. *Gradierung* bezieht sich auf die stufenweise geistige Verbesserung durch Auditing in Scientology. [...] Die Karte ist ein Leitfaden, der jemanden von seinen Anfängen in Scientology zu jedem höheren Zustand führt. Der Mensch hat niemals zuvor solch eine Karte gehabt. Sie ist die Brücke zur völligen Freiheit. Sie ist der Weg. Sie ist exakt und enthält ein genau vorgegebenes Vorankommen.

Allgemeine Informationen

Scientology ist seit Mitte der 1970er-Jahre auch in Deutschland aktiv. Die Organisation, die nach US-amerikanischem Vorbild beansprucht, eine »Kirche« zu sein bzw. als »Kirche« angesprochen zu werden, ist eine Gründung des Science-Fiction-Autors Ron L. Hubbard (1911–1986). Dieser veröffentlichte 1950 das Grundlagenwerk der Scientology, das Buch *Dianetik*[115]. In diesem Werk entwickelte

---

115 L. Ron Hubbard: Dianetik. Der Leitfaden für den menschlichen Verstand, Kopenhagen ²2007.

Hubbard in nuce die bis heute gültige, triadisch gestufte Anthropologie der Scientology: Jeder Mensch bestehe aus drei Teilen: Körper, Geist und dem von Hubbard so genannten »Thetan«, dem Per-
sönlichkeitszentrum des Menschen. Im Laufe der Zeit habe nun
der Thetan zahlreiche negative Erfahrungen gemacht, die Spuren
hinterlassen haben – die »Engramme«. Diese Engramme seien verantwortlich für Krankheiten, Sucht und Verbrechen. Die Scientoi-
logy-Organisation verspricht, mit Hilfe bestimmter Methoden die
Engramme löschen zu können, damit jeder Einzelne und später die
ganze Menschheit gereinigt werde. »Clear« nennen die Scientologen
den Zustand, nachdem alle Engramme gelöscht wurden. Erst dann,
so Hubbard, sei ein leidfreies Leben möglich.

»Die Methode, ›Dianetik‹ genannt, fächert sich in verschiedene Vor-
gehensweisen auf: das Auditing, der Reinigungs-Rundown, Trainings-
routinen, das Studium der Schriften von Hubbard und aufeinander auf-
bauende Kurse.«[116]

Das weitverzweigte und äußerst kostenintensive »Kurs-System« der
Scientology verspricht den jeweiligen Absolventen die totale Freiheit eines (transhumanen) Übermenschen:

»Ziel der Scientology-Kurse ist der sog. Operierende Thetan (OT). Der OT
›ist mit seiner Umgebung so vertraut gemacht worden, dass er den Punkt
erreicht hat, völlig Ursache von Materie, Energie, Raum, Zeit und Denken
zu sein‹. Diese Wunschfigur schaffe und verändere das physikalische
Universum aus Materie, Energie, Raum und Zeit durch sein Wollen. Unberührt von Leiden und Leidenschaften, Schwäche und Scheitern sei ein
OT nie mehr Opfer, sondern nur noch Beherrscher seines Schicksals.«[117]

Scientology definiert – ausgehend von Hubbards Schrifttum – Begriff
und Gegenstand von Ethik im diametralen Gegensatz zur jüdisch-
christlichen Tradition als »Ethik des/der Übermenschen« neu:

---

116 Michael Utsch: Scientology (= Kompaktinformation der EZW Berlin), Ber-
    lin 2013, in: http://www.ezw-berlin.de/downloads/Flyer_Kompakt-Informa-
    tion_Scientology.pdf (letzter Zugriff am 11.05.2017).
117 Ebd.

»Es bedeutet, dass Scientologen die Erde von Wahnsinn, Krieg und Verbrechen befreien und eine Zivilisation ermöglichen wollen, in der es geistige Gesundheit und Frieden gibt. Um dies tun zu können, müssen sie dem Einzelnen helfen, sich von seinen individuellen spirituellen Belastungen zu befreien und die dem Menschen grundlegend innewohnende Güte wiederzuerlangen.«[118]

Die »Reinigung« der Menschheit als Voraussetzung der Welt- und Menschheitserlösung, erfordert in der Perspektive der Scientology den Kampf gegen so genannte »unterdrückerische« oder »antisoziale« Personen und Organisationen, die versuchen andere Personen herabzusetzen. Antisoziale Persönlichkeiten könnten auch die Ziele von Scientology behindern, was wiederum zum Ausschluss führen kann.[119]

Die Scientology-Organisation (SO) steht im Verdacht, eine totalitäre, das Grundgesetz der Bundesrepublik Deutschland negierende Organisation zu sein und wird gegenwärtig in elf von 16 Bundesländern vom jeweiligen Landesamt für Verfassungsschutz beobachtet.[120] Das Bundesinnenministerium urteilt in seinem auf das Kalenderjahr 2015 zurückblickenden Verfassungsschutz-Bericht hierzu eindeutig:

»Die SO hält nach wie vor an ihrer ideologischen Grundorientierung und Strategie sowie den bekannten Agitationsschwerpunkten fest und orientiert sich weiterhin an den Schriften des 1986 verstorbenen Gründers L. Ron Hubbard. Die scientologischen Vorstellungen verstoßen gegen die freiheitliche demokratische Grundordnung, indem sie wesentliche Grund- und Menschenrechte, wie zum Beispiel die Menschenwürde, das Recht auf freie Entfaltung der Persönlichkeit oder das Recht auf Gleichbehandlung, einschränken. Ebenso widersprechen sie den Grundelementen des demokratischen Rechtsstaats, wie der Gewaltenteilung, Volkssouveränität und der Unabhängigkeit der Gerichte.«[121]

---

118 Zitiert nach: http://www.scientology.de/faq/scientology-attitudes-and-practices/what-does-clear-the-planet-mean.html (letzter Zugriff am 11.05.2017).

119 Vgl. http://www.scientology.de/faq/scientology-attitudes-and-practices/what-is-a-suppressive-person.html (letzter Zugriff am 11.05.2017).

120 Utsch: Scientology.

121 Bundesministerium des Inneren (Hg.): Verfassungsschutzbericht 2015, Berlin 2016, 282.

Arbeitsfragen zur Anthropologie von Scientology

Bitte bearbeiten Sie die nachfolgenden Fragen zur Förderung ihrer apologetischen Wahrnehmungs-, Deutungs-, Urteils-, Dialog- und deiktischen Kompetenz mit Bezug auf die von Scientology vertretene Anthropologie:

Zur Wahrnehmungskompetenz: Laden Sie sich den kostenlosen »Persönlichkeitstest« der Scientology herunter und füllen Sie ihn als interessierte Person aus.[122] Beschreiben Sie, welche Beobachtungen Sie in Bezug auf den Test machen und schreiben Sie auf, bei welchen Fragen Sie sich unwohl fühlen. Diskutieren Sie – in Partnerarbeit – die hinter dem »Lockvogel-Angebot« stehenden Strategien.

Zur Deutungskompetenz: Rekonstruieren und beschreiben Sie das bei den Scientologen zutage tretende Menschenbild. Überlegen Sie, welche Konsequenzen dieses Menschenbild haben könnte.

Zur Urteilskompetenz: Die Scientology beansprucht, eine »Kirche« neuen Typus für den modernen Menschen zu repräsentieren:

»Das Wort Kirche stammt vom griechischen Wort kyrios, ›Herr‹, und dem indogermanischen Wortstamm kewe, ›stark sein‹. Gegenwärtige Bedeutungen des Wortes beinhalten auch ›eine Kirchengemeinde‹, ›kirchliche Macht im Gegensatz zur weltlichen‹ und ›der geistliche Berufsstand; Klerus‹. Das Wort Kirche wird nicht nur von christlichen Organisationen verwendet. Vor zehntausend Jahren gab es Kirchen, noch bevor es Christen gab, und das Christentum selbst war eine Revolte gegen die bestehenden Kirchen. Im modernen Sprachgebrauch sprechen Menschen von der buddhistischen oder moslemischen Kirche und meinen damit im Allgemeinen die Gesamtheit der Gläubigen einer bestimmten religiösen Lehre. Eine Kirche ist eine Gemeinschaft von Glaubenden, denen ein System von geheiligtem Glauben und religiösen Praktiken gemein ist, durch die sie danach streben, die letztendlichen Probleme des Lebens zu überwinden.

---

122 Sie finden diesen »Test« unter: http://scientology-nrw.de/images/oca-test.pdf.

In den 1950er-Jahren erkannten Scientologen, dass L. Ron Hub-
bards Lehre und ihre Ausübung direkt darauf zielten, den Menschen
als geistiges Wesen zu befreien, und dass ein höheres spirituelles
Bewusstsein erreicht wurde. Es gab keine Frage – sie hatten es mit
Religionsausübung zu tun. Anfang der 1950er-Jahre beschlossen sie
daher, eine Kirche zu gründen, um ihren geistigen Bedürfnissen besser
gerecht zu werden. So wurde die erste Scientology Kirche 1954 als
Körperschaft amtlich eingetragen. Folglich ist Scientology eine Reli-
gion. Und wenn man sich auf Scientology bezieht, ist die Verwendung
des Wortes Kirche korrekt.«[123]

Begründen Sie, ob Sie diese Selbstbeschreibung und Selbstattribu-
tion für nachvollziehbar halten.

Zur Dialogkompetenz: Die Evangelische Zentralstelle für Weltanschauungsfragen warnt vor einem unreflektierten, naiven religionstheologischen Dialog mit Scientology:

»Das scientologische Menschenbild widerspricht nicht nur dem Demo-
kratieverständnis des Grundgesetzes, es ist auch mit dem Menschen-
bild des Christentums unvereinbar. Während der christliche Glaube
von der Liebe und Zuwendung Gottes zu dem auf diese Liebe angewie-
senen Menschen spricht, hat Scientology einen Menschen vor Augen,
der sich selbst zum Gott machen will. Ihre Ideologie ist brutal, rück-
sichtslos, ausbeuterisch und gefährlich. Sie hat nicht das Geringste
mit einer Religion oder Kirche gemeinsam, auch wenn Scientology das
immer wieder behauptet und vereinzelt mittels seltsamer Gutachten
zu belegen versucht.«[124]

Begründen Sie, ob Sie – vor dem Hintergrund des Gesagten – einen
religionstheologischen Dialog mit Scientology für notwendig und
sinnvoll erachten. Bitte positionieren Sie sich begründet zu dieser
Fragestellung.

---

123 Zitiert nach: http://www.scientology.de/faq/background-and-basic-princi-
    ples/why-is-scientology-a-church.html (letzter Zugriff am 11.05.2017).
124 Utsch: Scientology.

Zur deiktischen Kompetenz: Erarbeiten Sie bitte eine Unterrichtseinheit zu Scientology auf der Basis des ARD-Filmes: »Bis nichts mehr
bleibt« (2010)[125] und kontrastieren Sie das im Film zutage tretende
Menschenbild der Scientology mit der lutherischen Rechtfertigungslehre mit Hilfe des fachdidaktischen Ansatzes der Elementarisierung.[126]

Religionspädagogische und praktisch-theologische Perspektiven

Differenzen wahrnehmen können:

Die Rekonstruktion der Glaubens- und Gedankenwelt der Scientology ermöglichen den Schülerinnen und Schülern einen eindeutigen Kompetenzerwerb: Das Beispiel der Scientology ermöglicht es,
Kriterien für die Unterscheidung zwischen »lebensfördernden« und
»lebensfeindlichen« Formen von Religiosität zu entwickeln. Die Fragen aus dem dritten Kapitel bzw. des Fazits können dabei auch diskutiert werden. Die Auseinandersetzung mit dem »Übermenschen«
ermöglicht zudem fächerübergreifende Projekte, insbesondere mit
dem Geschichts- und Politikunterricht, mit dem Ziel einer gemeinsamen, perspektivischen Erarbeitung der ideologischen Grundlagen
und damit der Prävention gegenüber jedweder Form von religiösem,
aber auch politischen Totalitarismus.[127]

Distanz einnehmen können:

Direkte Kontakte – etwa im Kontext von Exkursionen bzw. Unter-
richtsbesuchen zu Scientology-Niederlassungen – müssen unterblei-
ben, ebenso mögliche Einladungen an Vertreter von Scientology in

---

125 Der Film ist in zahlreichen Medienzentralen und religionspädagogischen In-
stituten ausleihbar. Eine Zusammenfassung der Handlung, ein Sequenzpro-
tokoll sowie weitergehende didaktische Impulse wurden vom Katholischen
Filmwerk/Augsburg zusammengestellt. Diese Unterrichtshilfe ist auffind-
bar unter: http://www.materialserver.filmwerk.de/arbeitshilfen/Bis_nichts_
mehr_bleibt_Broschuere_Augsburg.pdf (letzter Zugriff am 11.05.2017).
126 Vgl. Pfister/Roser: Fachdidaktisches Orientierungswissen, 53–61.
127 Vgl. Gottfried Kuenzlen: Der Neue Mensch. Eine Untersuchung zur säkularen Religionsgeschichte der Moderne, München ³1997.

den Religionsunterricht. Daher ist die Perspektive der Dialoganbahnung hier nicht gegeben. Zudem sind im Kontext der Scientology mehrere Fälle von Kindeswohlgefährdungen bekannt geworden.[128] In derartigen Fällen ist es zwingend erforderlich, Sekten- und Weltanschauungsstellen und das zuständige Jugendamt einzuschalten.

Quellen und Literaturhinweise

Primärquellen
Homepage von Scientology/Deutschland: http://www.scientology.de/

Sekundärliteratur
Arnd Diringer: Die Brücke zur völligen Freiheit? Organisationsstruktur, Dogmatik und Handlungspraxis der Scientology-Organisation (= EZW-Texte 188), Berlin 2007
Linus Hauser: Scientology, Geburt eines Imperiums, Paderborn 2010
Wilfried Handl: Das wahre Gesicht von Scientology, Wien 2010
Michael Utsch (Hg.): Wie gefährlich ist Scientology? (=EZW-Texte 197), Berlin 2008

 4.3 Religiöse Sonderwege der Mormonen

[...] Wenn die Diener des Herrn etwas unter dem Einfluss des Heiligen Geistes reden oder schreiben, werden ihre Worte heilige Schrift [...]. Von Anfang an hat der Herr seinen Propheten geboten, einen Bericht über seine Offenbarungen und seinen Umgang mit seinen Kindern zu führen. Er sagte: ›Ich gebiete allen Menschen, im Osten ebenso wie im Westen und im Norden und im Süden und auf den Inseln des Meeres, die Worte niederzuschreiben, die ich zu ihnen spreche; denn aus den Büchern, die geschrieben sein werden, werde ich die Welt richten, jedermann nach seinen Werken, gemäß dem, was geschrieben steht.‹ (2 Nephi 29:11.) Die Kirche Jesu Christi der Heiligen der Letzten Tage erkennt vier Bücher als heilige Schrift an: die Bibel, das Buch Mormon, das Buch Lehre und Bündnisse und die Köstliche Perle. Diese Bücher nennt man auch die Standardwerke der Kirche. Außerdem werden die

---

128 Vgl. Carina Schnurrenberger: Kindererziehung bei Scientology. Pädagogische Ziele und Methoden der Weltbildvermittlung (= EZW-Texte 230), Berlin 2014.

inspirierten Worte unserer heute lebenden Propheten als heilige Schrift angesehen. Die Bibel ist eine Sammlung heiliger Schriften, die Gottes Offenbarungen an die Menschen enthalten. Diese Schriften umfassen viele Jahrhunderte, und zwar von der Zeit Adams an bis zu der Zeit, als die Apostel Jesu Christi lebten. Sie wurde von vielen Propheten geschrieben, die zu verschiedenen Zeiten der Weltgeschichte gelebt haben. Die Bibel besteht aus zwei Teilen, nämlich dem Alten Testament und dem Neuen Testament. Viele Prophezeiungen im Alten Testament sagen das Kommen eines Erretters und Erlösers vorher. Das Neue Testament berichtet uns vom Leben dieses Erretters und Erlösers, nämlich Jesus Christus. Es berichtet auch von der Gründung seiner Kirche zu dieser Zeit. ›Wir glauben, dass die Bibel, soweit richtig übersetzt, das Wort Gottes ist.‹ (8. Glaubensartikel) Durch den Propheten Joseph Smith hat der Herr unser Verständnis von einigen Textstellen in der Bibel erweitert. Der Herr inspirierte den Propheten Joseph, im Bibeltext Wahrheiten wiederherzustellen, die seit der Niederschrift der ursprünglichen Worte verloren gegangen oder verändert worden waren. Diese inspirierten Korrekturen nennt man die Joseph-Smith-Übersetzung der Bibel.

[…] Jeder von uns soll täglich in den heiligen Schriften lesen. Es ist wichtig, dass wir die darin enthaltenen Wahrheiten auch unseren Kindern vermitteln. Wir lesen die heiligen Schriften gemeinsam mit unseren Kindern, damit sie sie lieben und die darin enthaltenen Wahrheiten anwenden lernen.

[…] Wenn wir gemeinsam in den heiligen Schriften lesen und darüber nachdenken, kommen wir Gott und einander näher. Wenn wir beim Lesen nachdenken, über die heiligen Schriften beten und Gott um Erkenntnis bitten, wird der Heilige Geist uns die Wahrheit dessen, was wir lesen, bezeugen. Wir können dann für uns selbst wissen, dass es wahr ist. Wir werden uns nicht täuschen lassen (siehe Joseph Smith – Matthäus 1:37). Dann erleben wir, was Nephi mit folgenden Worten ausgedrückt hat: »Meine Seele erfreut sich an dem, was des Herrn ist; und mein Herz sinnt ständig über das nach, was ich gesehen und gehört habe.« (2 Nephi 4:16.)[129]

---

129 Kirche Jesu Christi der Heiligen der Letzten Tage (Hg.): Grundbegriffe des Evangeliums, 2009, in: https://www.lds.org/bc/content/shared/content/german/pdf/language-materials/06195_deu.pdf?lang=deu, 51–61 (letzter Zugriff am 29.12.2016).

Allgemeine Informationen

Die Mormonen, auch: »Kirche Jesu Christi der Heiligen der Letzten Tage« sind der quantitativ größte und bedeutsamste Zweig einer Familie von Religionsgemeinschaften, die sich auf den »Propheten« und »Neuoffenbarer« Joseph Smith (1805–1844) zurückführen lassen.

Die »Kirche Jesu Christi der Heiligen der Letzten Tage« beansprucht, mit dem Joseph Smith geoffenbarten *Buch Mormon* eine Ergänzung bzw. Überbietung der christlichen Bibel des Alten und Neuen Testaments und damit einen nie versiegenden Strom göttlichen Offenbarungswissens empfangen zu haben. Als kanonische Schriften der Mormonen gelten, gleichrangig zum *Buch Mormon, Die köstliche Perle* sowie *Lehre und Bündnisse.*

Auf drei weitere Lehrbesonderheiten der »Kirche Jesu Christi der Heiligen der Letzten Tage« gilt es gesondert hinzuweisen:

1. Mormonentum ist eine Tempelreligion. Die Evangelische Zentralstelle für Weltanschauungsfragen beobachtet hierzu:

»Zentral ist das Wesen der HLT als Tempelreligion. Neben den wöchentlichen Gottesdiensten in den Gemeindehäusern finden bestimmte Rituale in einem der weltweit 144 öffentlich nicht zugänglichen Tempel statt (in Deutschland: Freiberg/Sachsen und Friedrichsdorf/Hessen). Die auf das Jenseits bezogenen Rituale gehen im Kern auf Joseph Smith zurück und unterliegen theoretisch der Arkandisziplin, sind aber heute allgemein bekannt. Es geht dabei u. a. um sog. Siegelungen, mit denen Eltern und Kinder sowie Eheleute für immer miteinander verbunden werden können. Diese Extrapolation des Irdischen ins Jenseitige hinein charakterisiert die mormonische Kosmologie. Damit hängt ein weiteres Tempelritual zusammen: die stellvertretende Taufe für die Toten. Zwischen der Urkirche und der Wiederherstellung 1830 gab es keine heilsvermittelnde Kirche. Daher bieten Mormonen den Verstorbenen die Aufnahme mittels Taufen, die an einem mormonischen Nachfahren der Toten vollzogen werden, nachträglich an.«[130]

---

130 Kai Funkschmidt: Mormonentum, Berlin 2015, in: http://www.ezw-berlin. de/html/3_141.php (letzter Zugriff am 29.12.2016).

2. Die Mormonen vertreten ein stark anthropologisch geprägtes
   Gottesbild:

»Obwohl Mormonen trinitarische Formeln verwenden, unterscheidet
sich ihre *Gotteslehre* von der christlichen. In mormonischer Diktion ist
Gott ein leibliches Wesen von menschlicher Gestalt, das zusammen
mit seinem Sohn Jesus Christus an einem konkreten Ort lebt – manch-
mal als nahe des (fiktiven) Planeten Kolob gelegen spezifiziert – und in
gemeinsamer Willenseinheit mit dem Heiligen Geist seine Schöpfung
regiert. Auch die Vorstellung einer zu Gottvater und Sohn gehörigen
Himmlischen Mutter ist teilweise verbreitet.«[131]

3. Mormonen vertreten eine gnostisierende, den Menschen vergött-
   lichende Anthropologie:

»Menschen sind vor ihrer Geburt als Geistwesen bei Gott. Die vorü-
bergehende Existenzform auf Erden dient der Bewährung unter den
Bedingungen von Leiblichkeit und Willensfreiheit, bei der man durch
Gesetzesgehorsam Fortschritte machen kann. Diese Entwicklung des
Einzelnen ist Teil des Gesetzes des ewigen Fortschritts, den die ganze
Schöpfung und auch Gott selbst durchlaufen. Dieser Fortschritt des
Menschen geht nach dem Tod weiter. Im Endgericht entscheidet der
Entwicklungsstand darüber, in welche von drei Stufen der Herrlichkeit
man eingehen wird. Theoretisch kann der Mensch diese Fortschritts-
entwicklung sogar fortsetzen, bis er selbst zum Gott wird – so wie sich
auch der Gott der Bibel auf diese Weise einst aus einem Menschen
entwickelte.«[132]

Die »Kirche« gilt als eine der am schnellsten wachsenden Religionsgemeinschaften weltweit und unterhält ein ausgeprägtes und
hierarchisch strukturiertes gemeindepädagogisches Unterrichts-
wesen.

---

131 Ebd.
132 Ebd.

Arbeitsfragen zum mormonischen Offenbarungsverständnis

Bearbeiten Sie die nachfolgenden Fragen zur Förderung Ihrer apologetischen Wahrnehmungs-, Deutungs-, Urteils-, Dialog- und deiktischen Kompetenz mit Bezug auf das mormonische Offenbarungsverständnis:

Zur Wahrnehmungskompetenz: Beschreiben Sie, wie das mormonische Offenbarungsverständnis auf Sie wirkt.

Zur Deutungskompetenz: Diskutieren Sie die Funktion des mormonischen Offenbarungsverständnisses.

Zur Urteilskompetenz: Beschreiben Sie die größten theologischen Unterschiede zum evangelisch-lutherischen Offenbarungsverständnis.

Zur Dialogkompetenz: Beziehen Sie Stellung zum Anspruch der Mormonen, »Schlusskirche« im Heilsplan Gottes sein zu wollen.

Abbildung 5   Abbildung 6

Zur deiktischen Kompetenz: Die »Kirche Jesu Christi der Heiligen der Letzten Tage« verfügt über eine eigene, quasi kanonische Bild- und Symbol-Welt.[133] Bedeutsam sind in diesem Zusammenhang insbe-

---

133 Vgl. Richard G. Oman: Art. Artists, Visual, in: Daniel H. Ludlow (Hg.): Encyclopedia of Mormonism, New York 1992, 70–73.

sondere Gemälde, die Joseph Smith als Propheten bzw. Offenba-
rungsempfänger hervorheben (Abbildungen 5 und 6[134]). Betrachten
Sie die Bilder und bearbeiten Sie im Anschluss folgende Aufgaben:
- Wie würden Sie selbst »Offenbarung« und »Offenbarungsgesche-
  hen« künstlerisch darstellen?
- Erarbeiten Sie – unter Zuhilfenahme symbolkritischer Einsichten[135] – eine Unterrichtssequenz, die es den Schülerinnen und
  Schülern ermöglicht, zwischen biblischer Prophetie und Neu-
  offenbarungsprophetie im Modus von Joseph Smith sachgerecht
  zu unterscheiden.

Religionspädagogische und praktisch-theologische Perspektiven

Kontakte mit mormonisch sozialisierten Schülerinnen und Schülern
und deren Eltern ereignen sich – zumindest in Großstädten (z. B. in
Berlin, Dortmund) – in der Regel im Kontext des schulischen Unterrichts bzw. im Ethik- und im Religionsunterricht.[136]

Im Religionsunterricht selbst ermöglicht die Auseinandersetzung
mit der mormonischen Tradition und den mormonischen Glaubensüberzeugungen folgenden Kompetenzerwerb bei den Schülerinnen und Schülern:

Differenzen wahrnehmen können:

Bedeutsam ist es, dass die Schülerinnen und Schüler verstehen, dass
die Apostrophierung und Verehrung von Joseph Smith als neuzeit-

---

134 Abbildung 5: https://kevennewsome.com/2011/12/06/mormonism-moroni-
     and-madness/; Abbildung 6: http://mormonmissionprep.com/motivating-
     missionaries/joseph-smiths-first-vision/ (letzter Zugriff am 15.07.2017).
135 Vgl. Pfister/Roser: Fachdidaktisches Orientierungswissen, 6–43.
136 Die »Kirche Jesu Christi der Heiligen der Letzten Tage«, obwohl Körperschaft
     des öffentlichen Rechts und damit staatskirchenrechtlich legitimiert, eigenen
     Religionsunterricht an der öffentlichen Schule zu verantworten, verzichtet
     gegenwärtig auf dieses Rechtsgut und begrüßt eine Teilnahme der Kinder und
     Jugendlichen am konfessionellen Religionsunterricht bzw. am Ethik-Unterricht.
     Persönliche Mitteilung von Birgit Höpfner, Öffentlichkeitsbeauftragte der »Kir-
     che Jesu Christi der Heiligen der Letzten Tage«, Dortmund, im November 2015.

lichem Propheten auf schwerwiegende und grundlegende biblische Vorbehalte stößt.

Eine Abgrenzung ist zudem in der Bedeutung der Priestertumsvollmacht und dem hervorgehobenen Amt des Präsidenten gegeben. Zudem widerspricht der »Geist des Buches Mormon [...] dem Geist der Bibel.« Die Mormonen lehren, »wie der Mensch zu Gott werden kann«, wohingegen die Bibel »die Menschwerdung Gottes« bezeugt.[137]

Das Sakraments- und Taufverständnis der »Kirche Jesu Christi der Heiligen der Letzten Tage« und insbesondere die von der »Kirche« geübte »Versiegelungspraxis« sowie die Praxis der Totentaufe sind im ökumenischen Dialog nicht anschlussfähig:

»Unüberbrückbar aber ist der Unterschied in der Gotteslehre. Sie ist auch der Grund, warum die Taufe der HLT nicht mehr anerkannt wird. Die Vorstellung, der zufolge (a) der Mensch Gott werden kann bzw. (b) der biblische Gott sich aus einem Menschen entwickelte, steht im diametralen Gegensatz zur biblischen Unterscheidung von Schöpfer und Geschöpf.«[138]

Zudem trete auch Gottes Gnadenhandeln zurück oder gerate »zumindest in Widerstreit mit der dominant synergistischen Grundauffassung der Mormonen, die in der Gefahr steht, Christus zum bloßen ›Erlösungsmittel‹ zu degradieren.«[139]

Dialog ermöglichen können:

Eine »Liebe zur Heiligen Schrift« ist der Lehre und Glaubenspraxis ebenso wie den gemeindepädagogischen Angeboten der »Kirche Jesu Christi der Heiligen der Letzten Tage« sicherlich zuzubilligen. Hier

---

137 Handbuch Weltanschauungen, Religiöse Gemeinschaften, Freikirchen, Göttingen/München 2015, 478.
138 Kai Funkschmidt: Artikel: Mormonentum, Berlin 2015, in: http://www.ezw-berlin.de/html/3_141.php (letzter Zugriff am 29.12.2016).
139 Rainer Lachmann: Mormonen, in: Ders./Rothgangel/Schröder (Hg.): Christentum und Religionen elementar, 243, in Bezug auf W. Thiede: »Die Heiligen der Letzten Tage« – Christen jenseits der Christenheit. Eine systematisch-theologische Wahrnehmung der größten Mormonen-Kirche (EZW-Texte 161), Berlin 2001, 26–31.

kann z. b. im Religionsunterricht der Frage nachgegangen werden, aus welchen Gründen und mit welchen Motiven Menschen eine »Liebe zur Heiligen Schrift« entwickeln und welche Ausprägungen und Manifestationen diese annehmen kann. Dialog wird von Mormonen weniger gewünscht:

»Mormonen haben kein Interesse an der christlichen Ökumene, da Lehrgespräche sinnlos sind, wenn man sich im Besitz der einzig wahren und vollkommenen Offenbarung weiß. Doch sind sie ihrem weltzugewandten gesellschaftlichen Engagement entsprechend gelegentlich in interreligiösen Räten engagiert, auch wenn es für sie im Hinblick auf das Verständnis der Wahrheit dort nichts zu lernen gibt.«[140]

Ethik- und Religionsunterricht bieten den Ort, über die mormonische Glaubensüberzeugung nachzudenken, der Mensch könne sich selbst – durch orthodoxes Denken und orthopraktisches Handeln – in einen gottähnlichen Status evolvieren.

Distanz einnehmen können:

Gerade die Auseinandersetzung mit der mormonischen Glaubens- und Frömmigkeitspraxis ermöglicht den Erwerb einer Distanzkompetenz im Ethik- und Religionsunterricht, z. B., wenn Schülerinnen und Schüler für sich beanspruchen, mit dem *Buch Mormon* eine Überbietung und Verbesserung der christlichen Bibel (bzw. aller heiligen Schriften) in ihrem Besitz zu haben oder wenn Schülerinnen und Schüler den mormonischen Tempel und die dort geltenden Regularien und die dort abgehaltenen Liturgien als Überbietung und damit als Aufhebung christlicher, muslimischer und jüdischer Gottesdienstpraxis wahrnehmen und interpretieren.

Quellen und Literaturhinweise

Primärquellen
Joseph Smith: Das Buch Mormon, Frankfurt am Main 1989
Joseph Smith: Lehre und Bündnisse, Frankfurt am Main 1982

---

140 Ebd.

Joseph Smith: Die köstliche Perle, Frankfurt am Main 1982

Kirche Jesu Christi der Heiligen der Letzten Tage (Hg.): Grundbegriffe des Evangeliums, 2009, online verfügbar unter: https://www.lds.org/bc/content/shared/content/german/pdf/language-materials/06195_deu.pdf?lang=deu

http://www.kirche-jesu-christi.org/ (deutschsprachig)

Sekundärliteratur

Helmut Obst: Apostel und Propheten der Neuzeit. Gründer christlicher Religionsgemeinschaften des 19.und 20. Jahrhunderts, Göttingen 2000, 266–315 (zur Person von Joseph Smith)

Fawn M. Brodie: No Man Knows My History, New York ²1971 (klassische, kritische Biografie zu Joseph Smith)

Rainer Lachmann: Mormonen, in: Ders./Martin Rothgangel/Bernd Schröder (Hg.): Christentum und Religionen elementar, Göttingen 2010, 234–253

Matthias Pöhlmann/Christine Jahn (Hg.): Handbuch Weltanschauungen, Religiöse Gemeinschaften, Freikirchen, Göttingen 2015, 461–480

 # 4.4 Esoterische und okkulte Sonderwege

Echte Esoterik setzt sich geistig-seelische Entwicklung zum Ziel. Zu diesem Zweck bedient sie sich der Selbsterkenntnis und der universellen Lebensgesetze und setzt Erkenntnisse konsequent praktisch um. […]

In vielerlei Hinsicht sind die wesentlichen Elemente echter Esoterik heutzutage verloren gegangen oder nur oberflächliche Lippenbekenntnisse: Die persönliche geistig-seelische Entwicklung durch einen inneren Weg der Selbsterkenntnis und durch das Verstehen der universellen Lebensgesetze.

Ein »innerer Weg« heißt keineswegs, das reale Leben da draußen gering zu schätzen. Ein echter Esoteriker nimmt die Herausforderung an, alle Ereignisse des Lebens als Chance für seine innere Entwicklung zu begreifen. Nicht nur bestimmte Methoden wie z. B. Traumdeutung, sondern das gesamte Leben bietet Entwicklungsstoff. Und gerade die universellen Lebensgesetze, z. B. Polaritäts-, Karma- und Resonanzgesetz, helfen hierbei. Mit ihrer Hilfe erkennen wir die tiefere Bedeutung der Ereignisse.

[…] Die Frage »was bedeutet Esoterik«, bemisst sich also an folgenden Kriterien: Dient es der Selbsterkenntnis? Finden in irgendeiner Weise die universellen Lebensgesetze Anwendung? Unterstützt es damit schlussendlich unsere Entwicklung? Je mehr und je eindeutiger die Ja-Antworten auf diese Fragen ausfallen, desto mehr ist es esoterisch.

Gerade bei der Anwendung klassischer Methoden wie z. B. Tarot, Magie oder Astrologie helfen diese Fragen bei der Unterscheidung. So ist z. B. eine direkte, einfache Zukunftsvorhersage mit Hilfe der Tarot-Karten *nicht* esoterisch. Es dient weder der Selbsterkenntnis noch sonstwie der Entwicklung und eine konstruktive Verwendung universeller Lebensgesetze findet sich ebenso wenig.

Gleiches gilt, wenn Sie magische Methoden nur deswegen einsetzen, um damit andere zu manipulieren oder Vorteile zu erlangen. Mit dem inneren Weg der geistig-seelischen Entwicklung hat das nichts zu tun. Warum mache ich etwas und was soll es bringen? Das ist eine wichtige Frage in diesem Zusammenhang.[141]

Allgemeine Informationen

Im Begriff »Esoterik« fließen gnostische Lehren des 2. und 3. Jahrhunderts n. Chr. und Einflüsse hermetischer Schriften aus dem Zeitraum des 1. bis 4. Jahrhunderts n. Chr. ein. Diese lebten durch die Renaissance wieder auf,[142] durch alchemistisches – naturphilosophische Lehren des 17. und 18. Jahrhunderts – und theosophisches Gedankengut[143]. Einen weiteren Aufschwung erfuhren die esoterisch-okkulten Sonderwege durch ostasiatische Einflüsse in den 1960er-Jahren und durch den »Esoterik-Boom«[144] der 1980er-Jahre.

---

141 Was ist Esoterik – der Irrtum, in: http://www.der-weg-nach-hause.de/was-ist-esoterik.html#was-ist-esoterik (letzter Zugriff am 20.2.2017).

142 Antoine Faivre (Esoterik im Überblick, Freiburg im Breisgau 2001, 13 f.) benennt sogar das 16. Jahrhundert als »Ausgangspunkt dessen, was man später als Esoterik bezeichnen sollte« und die Renaissance als »Schnittstelle zwischen Metaphysik und Kosmologie«.

143 Faivre (ebd., 13) benennt drei Aspekte einer modernen christlichen Theosophie: »1. Eine Tendenz, über die Beziehungen zwischen Gott (bzw. die göttliche Welt), Natur und Mensch spekulative Diskurse zu führen. 2. Eine Vorliebe für das mystische Element in den geoffenbarten Texten (z. B. in der Bibel). 3. Die Überzeugung, dass ein dem Menschen innewohnendes Vermögen (nämlich die schöpferische Einbildungskraft) ihn befähigt, mit höheren Realitätsebenen in Kontakt zu treten.«

144 Vgl. Heinz Streib/Werner H. Ritter: Esoterik/Okkultismus, in: Lachmann/Rothgangel/Schröder (Hg.): Christentum und Religionen elementar, 362–379, hier: 362.

Gegenwärtig wird unter dem Begriff »Esoterik« eine Vielzahl von Strömungen, Weltbildern und Phänomenen bezeichnet, die entweder als »moderne Variationen von Religionen« oder als »Aberglaube«[145] gelten und als eine Art »Volksfrömmigkeit der Postmoderne«[146] eine allgemein-gesellschaftliche Akzeptanz gefunden haben.

»Esoterische Vorstellungen gelten zunehmend als normal [...]. Sie diffundieren in die alltägliche Kommunikation der Menschen, sogar in Wissenschaft und Medizin.«[147]

Dagegen sorgen eher Begriffe wie »Okkultismus« – und »Satanismus«[148] für Aufsehen und werden gesellschaftlich und kirchlich als gefährdend eingestuft.

Gemeinsam sind den Gegenstandsbereichen Esoterik und Okkultismus, dass bei beiden die Überzeugung überwiegt, »die sichtbare Wirklichkeit« stelle nicht »die einzige und nicht die ganze Wirklichkeit« dar, sondern werde »von einer größeren, ›übersinnlichen‹ Welt umschlossen.«[149]

---

145 Vgl. ebd.

146 S. Nagel: Esoterik als Volksfrömmigkeit der Postmoderne, in: M. Barth/C. Elsas (Hg.): Religiöse Minderheiten. Potenziale für Konflikt und Frieden, Schenefeld 2004, 322–339.

147 So der Münsteraner Soziologe Detlef Pollack, zit. in: Max Rauner: Esoterik: was suchen die da?, in: Zeit online, http://www.zeit.de/2013/21/esoterikboom, Hamburg 2013 (letzter Zugriff am 15.03.2017).

148 So weisen Streib und Ritter darauf hin, dass Satanismus als ein »ideengeschichtlich und lebensweltlich hochkomplexes« eigenständiges Thema zu beschreiben sei. Zudem sei ein praktizierter Okkultismus, in dem das Symbol des Satans eine Rolle spiele, nicht zugleich schon Satanismus. Der Satanismus wird im vorliegenden Buch nicht weiter ausgeführt. Vgl. zum Begriff: Handbuch Weltanschauungen, Religiöse Gemeinschaften, Freikirchen, Göttingen/München 2015, 637–688; Matthias Pöhlmann: Satanismus, in: EZW (Hg.): Quellentexte zur neuen Religiosität. EZW-Texte Nr. 215 (2011), 189–201. Vgl. zum Begriff Okkultismus weiter: W. H. Rotter/H. Streib (Hg): Okkulte Faszination – Symbole des Bösen und Perspektiven der Entzauberung. Theologische, religionssoziologische und religionspädagogische Annäherungen, Neukirchen-Vluyn 1997.

149 Heinz Streib/Werner H. Ritter: Esoterik/Okkultismus, in: Lachmann/Rothgangel/Schröder (Hg.): Christentum und Religionen elementar, 362–379, hier: 362.

»Als Phänomene sind sie eine Art Protestbewegung gegen jenen harten Säkularismus des 19./20. Jh.s und stellen ein ›Gegenthema zu einem aufgeklärten naturwissenschaftlichen Weltbild‹ dar [...]«[150]

Im Anschluss an A. Faivre[151] bezeichnen Streib und Ritter Esoterik als ein Denksystem mit vier Komponenten:

»1. Alle Teile des Kosmos, ob sichtbar oder unsichtbar, stehen miteinander in Beziehung; man kann von Entsprechungen ausgehen.
2. Die Natur ist etwas Lebendiges, sie ist eine lebende Natur, ein ›Gewebe aus Sympathien und Antipathien, welches die Naturdinge untereinander verbindet‹. Sie ist voller magischer Beziehungen.
3. Besondere Fähigkeiten der Seele, die Fähigkeit zu Imagination und medialer Vermittlung, eröffnen Einsichten in unsichtbare Welten und in jene Entsprechungen und Interdependenzen.
4. Durch solche Erkenntnis und Imagination verwandelt sich der Mensch, er erfährt eine Metamorphose oder Transmutation.«[152]

Folgende Praktiken und Vorstellungen können daher der Esoterik zugeordnet werden: Glaube an übersinnliche Kräfte, Geister, Engel, besondere Lebewesen, Bedeutung von Träumen, Glücksbringer, Amulette, Horoskope, Wahrsager, Sternzeichen, ein sogenanntes »alltagspraktisches magisches Denken und Handeln«, welches genutzt wird, um »die Unbestimmtheit der persönlichen Zukunft und die Angst vor Unglück zu bearbeiten«[153] oder um ein bestimmtes Wohlbefinden zu verbreiten und ein Glücksgefühl zu erzeugen. Des Weiteren gehören anthroposophische Lehren[154] zur Esoterik, Astrologie,

---

150 Ebd.
151 Antoine Faivre: Esoterik im Überblick. Geheime Geschichten des abendländischen Denkens (L'ésotérisme, Paris 1992, dt. übersetzt von P. Schmidth und R. Wintermeyer), Freiburg 2001, 24–31.
152 Streib/Ritter: Esoterik/Okkultismus, 364.
153 Streib/Ritter: Esoterik/Okkultismus, 367.
154 Anthroposophie bezeichnet den »von Rudolf Steiner (1861–1925) ausgearbeiteten (esoterischen) Erkenntnisweg, hinter dem Sichtbaren die geistige Welt zu erforschen. Die Christengemeinschaft ist eine Religionsgemeinschaft, die Steiners Einsichten in eine kultisch orientierte Organisationsform trans-

der moderne Glaube an Hexen[155] und an Reinkarnation[156] sowie das Neugermanische Heidentum[157]. Des Weiteren können Gegenstände zum esoterischen Gedankengut gehören wie Räucherstäbchen, Aroma-Duftkugeln, Dinkelkissen, magische Tinte, Liebeszauber, Engelfiguren, Duftlampen, Hexenutensilien oder sogar Wellnessartikel der anthroposophisch-esoterisch ausgerichteten Firma »Weleda«.[158]

Mit dem Begriff »Okkultismus« bezeichnet man die

»praktische und theoretische Beschäftigung mit den geheimen verborgenen, von der Wissenschaft noch nicht allgemein anerkannten Erscheinungen des Natur- und Seelenlebens [...], welche die gewohnten

formiert.« Christian Grethlein: Anthroposophie/Christengemeinschaft, in: Lachmann/Rothgangel/Schröder (Hg.): Christentum und Religionen elementar, 254–273, hier: 254.

155 Seit Anfang der 1980er-Jahre sorgte die feministische Bewegung für den Aufschwung der Bewegung der Neuen Hexen, auch Wicca genannt, welche u. a. auf vorchristliche, keltische Wurzeln zurückgeht und als ein neupaganes (neuheidnisches) Phänomen bezeichnet werden kann. Die Glaubensüberzeugungen gehen meist von einem Holismus aus, bei dem zwei polare Mächte einander gegenüber stehen: die dreifache Mond-Göttin oder Erdmutter (Jungfrau, Mutter, Weise) und der »Gehörnte Gott« (Fruchtbarkeitsgott und Todesgott). Vgl. Matthias Pöhlmann: Neue Hexen/Wicca, in: EZW (Hg): Quellentexte, Berlin 2006, 185–188.

156 Die Widergeburtsvorstellung hat sich insbesondere im Hinduismus und im Buddhismus ausgebildet. »Im 19. Jahrhundert und danach verbanden die esoterischen Systeme des Spiritismus, der Theosophie und der Anthroposophie westliches Evolutionsdenken mit östlichen Vorstellungen von Reinkarnation und Karma. Ende des 20. Jahrhunderts trugen die Erforschungen von Nahtoderfahrungen und Erfahrungen mit veränderten Bewusstseinszuständen zur Popularität des Reinkarnationsglaubens bei.« Claudia Knepper: Reinkarnation, in: EZW (Hg.): Quellentexte, 193–197, hier: 193.

157 Die Bezeichnung »Neuheidentum bzw. Neopaganismus dient als Sammelbegriff für moderne religiös-weltanschauliche Strömungen, Bewegungen und Gruppen, die unter Rückgriff auf vor- und nichtchristliche Glaubensvorstellungen, Traditionen und Werthaltungen eine naturreligiöse und erfahrungsbezogene Religiosität pflegen wollen.« Matthias Pöhlmann: Neugermanisches Heidentum, in: EZW (Hg.): Quellentexte, 189–192, hier 189. Sie stellen eine naturnahe Erfahrungsreligion dar, mit heiligen Plätzen in der Natur und dem Begehen von Jahreskreisfesten.

158 Vgl. Grethlein: Anthroposophie/Christengemeinschaft, 255.

Gesetzmäßigkeiten zu durchbrechen scheinen und vielfach als ›übernatürlich‹ angesehen werden.«[159]

Folgende Praktiken und Vorstellungen können eher dem Okkultismus zugeordnet werden: die Vorstellung von Geistern, Dämonen oder dem Teufel, Tarotkarten, Gläserrücken, Pendeln, automatisches Schreiben, weiße und schwarze Magie[160], Wahrsager, Hoffnung auf Wunderheilungen, Orakelrituale wie zuletzt die bekannte und wochenlang bei Twitter auf Platz 1 stehende »Charlie-Charlie-Challenge«.[161]

Der gemeinsame Nenner von Esoterik und Okkultismus ist das magische Denken und Handeln, wobei der Bereich der Esoterik – mit den oftmals eher »hellen, hilfreichen und heilenden Seiten« eher (junge) Erwachsene anspricht und Okkultismus – mit den »dunklen, unheimlichen und beängstigenden Seiten«[162] eher Jugendliche.

Arbeitsfragen zu esoterischen und okkulten Sonderwegen

Bearbeiten Sie die nachfolgenden Fragen zur Förderung Ihrer apologetischen Wahrnehmungs-, Deutungs-, Urteils-, Dialog- und deiktischen Kompetenz mit Bezug auf die esoterischen Sonderwege:

Zur Wahrnehmungskompetenz: Definieren Sie, ob Esoterik und Okkultismus einen religiösen Sonderweg – im Sinne der oben genannten Definition – darstellen.

---

159 J. Mischko: Okkultismus bei Jugendlichen. Ergebnisse einer empirischen Untersuchung, Mainz 1991, 20.
160 Vgl. H. Streib: Entzauberung der Okkultfaszination. Magisches Denken und Handeln in der Adoleszenz als Herausforderung an die Praktische Theologie, Kampen 1996.
161 Dabei malt man zwei sich kreuzende Linien auf ein Blatt, stapelt darauf Bleistifte und schreibt in die vier Kästchen Antwortmöglichkeiten (im Uhrzeigersinn: Ja, Nein, Ja, Nein) für den Geist Charlie. Praktizierende glauben, dass Charlie antwortet, indem er die Bleistiftspitze auf Ja oder Nein bewegt, was durch den so genannten Carpenter-Effekt – durch das Denken an eine Auslösung geschieht das Erwartete unbewusst – passiert.
162 Streib/Ritter: Esoterik/Okkultismus, 371.

Überlegen Sie, welche esoterischen Handlungen (z. B. Horoskop, Wahrsagen, Pendeln etc.) Sie selbst schon einmal durchgeführt haben und welche Anziehungskraft dieses Denken und Handeln auf Sie hatte. Beschreiben Sie auch, ob Kompatibilität mit Ihrer christlichen Einstellung oder eine Kongruenz vorlag und wie Sie sich beim Ausüben gefühlt haben.

Zur Deutungskompetenz: Erläutern Sie in eigenen Worten die Begriffe »Heiliger Geist«, »Geister«, »Geist«, »Dämonen« und erläutern Sie die Definitionsschwierigkeiten im Hinblick auf Jugendliche.

Zur Urteilskompetenz: Beurteilen Sie, an welchen Stellen Sie die größten theologischen Unterschiede der Esoterik zum christlichen Glauben wahrgenommen haben.

Zur Dialogkompetenz: Der evangelische Theologe Paul Tillich schreibt: »Magie gehört zu Gottes guter Schöpfung, zum Bereich des Profanen«, sie sei »psychische Partizipation«[163] und spiele auch als Heilkraft eine Rolle. Zugleich beschreibt er aber auch: »Magie ist der Zweideutigkeit unterworfen, sie kann kreativ und destruktiv sein, Magie kann dämonisch werden.«[164] Und dämonisch sei dabei alles, was an die Stelle Gottes gesetzt werde und dem irrtümlicherweise Heilung zugeschrieben werde.[165] Nehmen Sie zu beiden Aspekten Tillichs – Magie als Heilkraft und Magie als dämonische Kraft – begründet Stellung und nennen Sie Beispiele.

Zur deiktischen Kompetenz: Bitte betrachten Sie in Ruhe die Darstellung einiger esoterischer Symbole.[166]

---

163 Paul Tillich: Die Beziehung zwischen Religion und Gesundheit. Geschichtliche Betrachtungen und theoretische Fragen (1946), Gesammelte Werke, Bd. IX, Stuttgart 1967, 246–286.

164 Paul Tillich, Der Begriff des Dämonischen und seine Bedeutung für die Systematische Theologie (1926), Gesammelte Werke, Bd. VIII, Stuttgart 1970, 285–291.

165 Vgl. ebd.

166 © Avanna Troar – Fotolia

Abbildung 7

Entzauberung: Suchen Sie sich nun drei Symbole heraus und entzaubern Sie deren Symbolkraft, indem sie die magischen/esoterischen Symbole mit Hilfe symboldidaktischer Perspektiven[167] von ihrer Bedeutung trennen. Dazu beschreiben oder zeichnen Sie in der Tabelle deren genaue Symbolgestalt, Herkunft, (religiöse) Ursprünge, Rezeption und möglicherweise die Anziehungskraft bzw. die Symbolkraft für Jugendliche:

Symbol/ Symbol- gestalt	Herkunft	(religiöse) Ursprünge/ Verwen- dung	Rezeption	Anziehungs- kraft/magi- sche bzw. Symbolkraft	Was bleibt? Konkrete Bedeutung/ Symbolver- ständnis

Abbildung 8

---

167 Vgl. Pfister/Roser: Fachdidaktisches Orientierungswissen, 26–43. Vgl. auch zur Entzauberung der Symbolkraft: H. Streib: Der Stoff, aus dem die Geister sind. Okkulte Symbolisierungen, Lernschritte der Symboldidaktik, Wege der Entzauberung, in: ru: Ökumenische Zeitschrift für den Religionsunterricht 29 (1999), 3–13.

Religionspädagogische und
praktisch-theologische Perspektiven

Kontakte mit esoterisch interessierten Schülerinnen und Schülern
und deren Eltern sind mittlerweile alltäglich, da dieser Sonderweg
gerade nicht mehr als ein solcher gesehen, sondern gesellschaftlich
akzeptiert wird.

»Lebensweltliche Betrachtung rechnet damit, dass Esoterik [...] in verschiedenen Milieus« gedeiht und »Kinder, Jugendliche und Erwachsene
milieu- und sozialisationsbedingt in unterschiedlicher Weise damit
befasst sind.«[168]

Im Religionsunterricht selbst ermöglicht die Auseinandersetzung
mit esoterischen und okkulten Überzeugungen folgenden Kompetenzerwerb bei den Schülerinnen und Schülern:

Differenzen wahrnehmen können:

Beim sogenannten »Streit um die Wirklichkeit« (G. Ebeling) ist es
wichtig, dass Schüler die Kompetenz erwerben, die »Vielgestaltigkeit
der Wirklichkeit wahrzunehmen und theologisch zu reflektieren.«[169]
    Insbesondere in Bezug auf die anthroposophischen Sonderwege
ist es für Schüler und Schülerinnen wichtig zu wissen, dass z. B. die
Taufe der anthroposophischen »Christengemeinschaft« von den Landeskirchen der EKD nicht anerkannt wird.[170]
    Entscheidende Differenzen sind zudem beim Menschenbild zu
finden, da hier eine Tendenz zur Abwertung der Leiblichkeit besteht.
»Der spezifisch christliche ›Zug nach unten‹ scheint [...] zugunsten
einer Perfektibilitäts-Anthropologie aufgegeben zu sein.«[171] Gnade
bedeutet im protestantischen Christentum Vergebung der Sünde
und nicht eine neue »Chance zum Bessermachen oder -werden zu
erhalten.«[172]

---

168 Streib/Ritter: Esoterik/Okkultismus, 363.
169 Streib/Ritter: Esoterik/Okkultismus, 375.
170 Vgl. Materialdienst der EZW 56, 9 (1993), 266–275.
171 Zur Frage der Christlichkeit der Christengemeinschaft – Beiträge zur Dis-
      kussion, hg. vom Ev. Oberkirchenrat Stuttgart, Stuttgart 2004, 142.
172 Ebd.

Zudem werden christliche Begriffe esoterisch substituiert: Statt
Gott, dem Vater, gibt es das »allmächtige geistig-physische Gotteswe-
sen«, statt einen »Schöpfer« gibt es den »Daseinsgrund«, die christliche Auferstehung wird umbenannt in »die Wiederbelebung des
ersterbenden Erdendaseins« und aus dem Heiligen Geist wird der
»heilende Geist«. Hier kann sich im Religionsunterricht ein fruchtbarer Dialog im Hinblick auf altkirchliche Begriffsbildung ergeben.

Insgesamt werden aus »biblisch-personalen Aussagen der Beziehung Gottes zu uns Menschen […] esoterisch-spekulative Formeln,
die nur in anthroposophischem Kontext verstanden werden können.«[173]

Die überragende Rolle der Anthroposophie, die »als gültiges und
für ein zukünftiges Christentum als notwendig erachtetes Interpretationsmuster« dient, ist mit Verweis auf die Offenbarung der Heiligen Schrift abzulehnen.[174]

Dialog ermöglichen können:

Da Jugendliche viel ausprobieren wollen und das Internet mit
modernen esoterischen und okkulten Handlungen und Gedanken
viele Möglichkeiten bietet, kann man es ihnen nicht verwehren, sich
damit auseinanderzusetzen. Hier bieten sich zusätzlich Internetsei-
ten an, die zum Beispiel kritisch auf die Experimente eingehen oder
dabei den psychologischen Carpenter-Effekt[175] erläutern.

Gesprächsanlass bieten sicherlich die Glaubensüberzeugungen der »Wicca«, der so genannten Neuen Hexen, wobei die dreifache Mond-Göttin bzw. Erdmutter (Jungfrau, Mutter, Weise) und
der »Gehörnte Gott« (Fruchtbarkeitsgott und Todesgott) einander
gegenüber stehen – was zwar einem christlich-theologischen Verständnis widerspricht, aber durchaus mit den Schülern gut reflektiert
werden könnte, da die Hexe als »Identifikationsfigur im Kampf gegen
eine als patriarchalisch empfundene Gesellschaftsstruktur«[176] gilt
und deshalb bestimmte Glaubensüberzeugungen neu aufgelebt sind.

---

173 Handbuch Weltanschauungen, Religiöse Gemeinschaften, Freikirchen, Göt-
    tingen/München 2015, 343.
174 Ebd., 341.
175 Zum Carpenter-Effekt: vgl. Fußnote 162 auf 74 f.
176 Pöhlmann: Neue Hexen/Wicca, 185.

Distanz einnehmen können:

Wenn Jugendliche sich nur noch an bestimmten Gestalten, Symbolen, Handlungen ausrichten, ihr Herz daran hängen und eine rationale Entscheidungsfähigkeit eingeschränkt ist, ist es wichtig, Distanz einzunehmen. Dann ist eine »Ent-Dämonisierung« geboten, eine Unterscheidung zwischen »dem Göttlichem einerseits« und »dem, was zu Unrecht dessen Stelle einnimmt«[177]. Ebenso ist es zu verurteilen, wenn Experimente wie die Charlie-Charlie-Challenge unreflektiert im Klassenzimmer durchgeführt werden, wobei es nicht zur Auflösung kommt, sondern das unerklärliche Phänomen präsent bleibt.

Sollten Schüler anthroposophisches Gedankengut transportieren, ist u. a. von der Christuslehre des »kosmischen Christus« und von soteriologischen Ansichten wie der Vergeistigung der Leibformen (Geistselbst, Lebensgeist und Geistesmenschen) Abstand zu nehmen, da hier im Gedanken der Reinigung im Kamaloka (einer Art Fegefeuer) und dem Bestreben des Ichs zur Reinkarnation keine Parallelen mehr mit dem christlichen Glauben zu sehen sind.[178]

Ebenso ist auch von der eher pessimistisch ausgerichteten, wie ein Fluch erscheinenden Lehre der Reinkarnation Abstand zu nehmen, da die langfristig zu erwartende Vervollkommnung nach dem Gesetz des Karmas doch recht aussichtslos, zumindest sehr fern zu sein scheint. Hier bietet die christliche Hoffnung auf Buße und Vergebung weitaus positivere Perspektiven. Zudem ist Vorsicht geboten, wenn gegenwärtig erfahrenes menschliches Leid mit früherer Schuld in vorherigen Existenzen verbunden wird.

Bei der naturnahen Erfahrungsreligion der Neugermanen ist darauf zu achten, welcher Art die Opfer sind, die dargebracht oder begangen werden müssen.

Vorsicht und Distanz ist zudem immer dann geboten, wenn die Schüler über das normale Maß an Risikofreudigkeit und unheimlicher Faszination hinaus auf einmal unerklärliche Angst äußern, nicht mehr schlafen können und in ihrem Alltagshandeln dadurch eingeschränkt sind.

---

177 Vgl. Streib/Ritter: Esoterik/Okkultismus, 376.
178 Vgl. Grethlein: Anthroposophie/Christengemeinschaft, 254–273.

Quellen und Literaturhinweise

Sekundärliteratur

Hans Krech/Matthias Kleiminger (Hg.): Handbuch Religiöse Gemeinschaften und Weltanschauungen, Gütersloh ⁶2006, 559–754
Hans-Jürgen Ruppert: Suche nach Erkenntnis und Erleuchtung – moderne esoterische Religiosität, in: R. Hempelmann (Hg.): Panorama der neuen Religiosität, Gütersloh ²2005, 201–303
Heinz Streib/Werner H. Ritter: Esoterik/Okkultismus, in: Rainer Lachmann/Martin Rothgangel/Bernd Schröder (Hg.): Christentum und Religionen elementar. Lebensweltlich – theologisch – didaktisch (Theologie für Lehrerinnen und Lehrer Bd. 5), Göttingen 2010, 362–379

 ## 4.5 Neuapostolische Sonderwege

1. Glaubensartikel
Ich glaube an Gott, den Vater, den Allmächtigen, den Schöpfer des Himmels und der Erde.

2. Glaubensartikel
Ich glaube an Jesus Christus, Gottes eingeborenen Sohn, unsern Herrn, der empfangen ist durch den Heiligen Geist, geboren von der Jungfrau Maria, gelitten unter Pontius Pilatus, gekreuzigt, gestorben, begraben, eingegangen in das Reich des Todes, am dritten Tag auferstanden von den Toten, aufgefahren in den Himmel; er sitzt zur Rechten Gottes, des allmächtigen Vaters, von dort wird er wiederkommen.

3. Glaubensartikel
Ich glaube an den Heiligen Geist, die eine, heilige, allgemeine und apostolische Kirche, die Gemeinschaft der Heiligen, Vergebung der Sünden, Auferstehung der Toten und das ewige Leben.

4. Glaubensartikel
Ich glaube, dass der Herr Jesus seine Kirche regiert und dazu seine Apostel gesandt hat und noch sendet bis zu seinem Wiederkommen mit dem Auftrag zu lehren, in seinem Namen Sünden zu vergeben und mit Wasser und Heiligem Geist zu taufen.

5. Glaubensartikel
Ich glaube, dass die von Gott für ein Amt Ausersehenen nur von Aposteln eingesetzt werden, und dass aus dem Apostelamt Vollmacht, Segnung und Heiligung zu ihrem Dienst hervorgehen.

6. Glaubensartikel

Ich glaube, dass die Heilige Taufe mit Wasser der erste Schritt zur Erneuerung des Menschen im Heiligen Geist ist und dass dadurch der Täufling aufgenommen wird in die Gemeinschaft derer, die an Jesus Christus glauben und ihn als ihren Herrn bekennen.

7. Glaubensartikel

Ich glaube, dass das Heilige Abendmahl zum Gedächtnis an das einmal gebrachte, vollgültige Opfer, an das bittere Leiden und Sterben Christi vom Herrn selbst eingesetzt ist. Der würdige Genuss des Heiligen Abendmahls verbürgt uns die Lebensgemeinschaft mit Christus Jesus, unserm Herrn. Es wird mit ungesäuertem Brot und Wein gefeiert; beides muss von einem vom Apostel bevollmächtigten Amtsträger ausgesondert und gespendet werden.

8. Glaubensartikel

Ich glaube, dass die mit Wasser Getauften durch einen Apostel die Gabe des Heiligen Geistes empfangen müssen, um die Gotteskindschaft und die Voraussetzungen zur Erstlingsschaft zu erlangen.

9. Glaubensartikel

Ich glaube, dass der Herr Jesus so gewiss wiederkommen wird, wie er gen Himmel gefahren ist, und die Erstlinge aus den Toten und Lebenden, die auf sein Kommen hofften und zubereitet wurden, zu sich nimmt; dass er nach der Hochzeit im Himmel mit diesen auf die Erde zurückkommt, sein Friedensreich aufrichtet und sie mit ihm als königliche Priesterschaft regieren. Nach Abschluss des Friedensreiches wird er das Endgericht halten. Dann wird Gott einen neuen Himmel und eine neue Erde schaffen und bei seinem Volk wohnen.

10. Glaubensartikel

Ich glaube, dass ich der weltlichen Obrigkeit zum Gehorsam verpflichtet bin, soweit nicht göttliche Gesetze dem entgegenstehen.[179]

---

179 Das Glaubensbekenntnis der Neuapostolischen Kirche ist online verfügbar unter: http://www.nak.org/de/glaube-kirche/glaubensbekenntnis/ (letzter Zugriff am 05.03.2017).

Allgemeine Informationen

Nach eigenen Angaben zählt die Neuapostolische Kirche in der Bundesrepublik Deutschland gegenwärtig ca. 340.000 Mitglieder, die sich in ca. 1870 Gemeinden versammeln.[180] Obgleich die Neuapostolische Kirche einen stetigen, langsamen Mitgliederschwund zu verzeichnen hat, gilt sie als größte christliche Sondergemeinschaft im wiedervereinigten Deutschland.

Aktuelle Schätzungen gehen von ca. 10 Millionen Menschen neuapostolischen Bekenntnisses weltweit aus.

Analog der beinahe zeitgleich entstandenen »Kirche Jesu Christi der Heiligen der Letzten Tage« ist die Neuapostolische Kirche ein Kind der in Großbritannien und dann auch in den USA stattfindenden religiösen Erneuerungs- und Erweckungsbewegung um 1830. Vor dem Hintergrund der beginnenden Industrialisierung und der philosophischen Aufklärung unternahmen theologische Laienkreise den Versuch, mittels einer dispensationalistischen Geschichtsdeutung ihre jeweilige Gegenwart zu interpretieren.

Das der Frömmigkeit in den katholisch-apostolischen Gemeinden der 1830er-Jahre zugrundeliegende dispensationalistische Deutungsschema sieht den theologischen Weg der Amtskirchen und der zeitgenössischen akademischen Theologie als prinzipiellen Irrweg an, der nur durch eine Wiederherstellung der Jerusalemer Urkirche mit ihren von Jesus selbst eingesetzten Aposteln sachgemäß korrigiert werden kann. Vor diesem theologiegeschichtlichen Hintergrund kommt dem Amt des »Stammapostels« in der Neuapostolischen Kirche bis in die Gegenwart hinein zentrale Bedeutung zu.

Noch im Katechismus der Neuapostolischen Kirche aus dem Jahr 2012 heißt es dazu dezidiert:

»Der Dienst des Stammapostels äußert sich in der Reinhaltung und Weiterentwicklung der Lehre, dem Erschließen neuer Erkenntnisse sowie der einheitlichen Ausbreitung des Glaubenszeugnisses. Auch legt der Stammapostel die Kirchenordnung fest. Diese Aufgaben machen die Schlüsselvollmacht des Stammapostelamts aus. Der Stammapostel

---

180 Vgl. die Angaben auf der Homepage der Neuapostolischen Kirche: http://www.nak.de/zahlen.html (letzter Zugriff am: 05.03.2017).

ist oberste geistliche Autorität; ihm kommt im Kreis der Apostel die führende Stellung zu.«[181]

Insbesondere das eschatologische Diktum des früheren Stammapostels Johann Gottfried Bischoff, noch zu seinen Lebzeiten (1951) würde sich die Parusie Jesu Christi ereignen, brachte die Neuapostolische Kirche in nachhaltigen konfessionskundlichen und gesellschaftlichen Misskredit. Bischoffs Diktum, dem seinerzeit eine heilsgeschichtliche Bedeutung zugesprochen wurde, führte innerhalb der Neuapostolischen Kirche zu bis in die Gegenwart hineinreichenden Gemeinde- bzw. Kirchenspaltungen.

Die Neuapostolische Kirche kennt drei Sakramente: die Taufe, das Abendmahl und die sog. »Versiegelung«. Dabei gilt die Taufe in der Neuapostolischen Kirche als »Vorstufe der Versiegelung«. Erst durch die »Versiegelung«, die nur durch einen entsprechenden Apostel gespendet werden kann, erfährt der Gläubige die Gnade des Heiligen Geistes vollkommen.

An drei Sonntagen im Jahr werden in neuapostolischen Gemeinden sog. »Entschlafenen-Gottesdienste« gefeiert, in denen Verstorbene im Wege eines stellvertretenden Handelns ebenfalls die genannten drei Sakramente empfangen können. Die Verstorbenen werden damit Teil der »Brautgemeinde« Jesu Christi.

In der Amtszeit des Stammapostels Wilhelm Leber (2005–2013) kann der Versuch einer »Entsektung« der Neuapostolischen Kirche beobachtet werden – und damit der Versuch, im ökumenischen Gespräch diskursfähig zu werden. Er fand seinen bis dato interessantesten Niederschlag im »Katechismus« von 2012. Allerdings bleibt abzuwarten, ob der Versuch einer mittelfristigen Ökumenizität der Neuapostolischen Kirche auch von den jeweiligen Ortsgemeinden mitgetragen wird.

---

181 Neuapostolische Kirche (Hg.): Katechismus der Neuapostolischen Kirche, Neu-Isenburg 2012, 299.

Arbeitsfragen zum neuapostolischen Amtsverständnis

Bearbeiten Sie die nachfolgenden Fragen zur Förderung Ihrer apologetischen Wahrnehmungs-, Deutungs-, Urteils-, Dialog- und deiktischen Kompetenz mit Bezug auf das neuapostolische Amtsverständnis:

Zur Wahrnehmungskompetenz: Beschreiben Sie, wie die Erweiterung des im christlichen Gottesdienst gebeteten Apostolikums im Modus der zehn Artikel der Neuapostolischen Kirche auf Sie wirkt.

Zur Deutungskompetenz: Arbeiten Sie heraus, welche zentralen theologischen Aufgaben dem jeweiligen Stammapostel zugesprochen und wie diese begründet werden.

Zur Urteilskompetenz: Beurteilen Sie, an welcher Stelle Sie die größten Unterschiede zum lutherischen Amtsverständnis wahrnehmen.

Zur Dialogkompetenz: Diskutieren Sie, ob der Anspruch der Neuapostolischen Kirche nachvollziehbar ist, eine Wiederherstellung der idealen – weil von Jesus selbst begründeten und gestifteten – Jerusalemer Urgemeinde zu sein. Nehmen Sie zu diesem Anspruch (bibeltheologisch und systematisch-theologisch) begründet Stellung.

Zur deiktischen Kompetenz: Die Neuapostolische Kirche versteht sich als missionarische Kirche. Diesem missionarischen Anliegen dienen kostenintensive Plakatkampagnen. In vielen Großstädten im Bundesgebiet sind die entsprechenden Plakate großflächig und gut sichtbar.

Erarbeiten Sie sich deiktische Kompetenz mit einer Bildbetrachtung und beantworten Sie im Anschluss folgende Fragen:
- Beschreiben Sie, wie die Plakatserie auf Sie wirkt, welche »Botschaft« Sie darin entdecken und welche Beobachtungen Sie bei den abgebildeten Fotos machen.
- Das Thema der Plakatserie lautet »Dank« bzw. »Danken«. Entwerfen Sie – ggf. in Ihrer Arbeitsgruppe – eine eigene Foto-Serie zum Thema »Dank« bzw. »Danken«. Welche Unterschiede bzw.

Neuapostolische Kirche International
AG Öffentlichkeitsarbeit

Plakatserie 2017 „Ich danke Gott"
Begleittexte zu den einzelnen Plakaten, Seite 1 von 3

Abbildung 9: Plakat-Serie der Neuapostolischen Kirche zum Thema
»Danken« (2017)[183]

Gemeinsamkeiten können Sie im Vergleich feststellen? Woher
rühren nach Ihrer Meinung etwaige Unterschiede?
- Erarbeiten Sie – mit Hilfe des fachdidaktischen Ansatzes der Elementarisierung[183] – eine Unterrichtssequenz zum Thema »Dank«
bzw. »Danken«.

---

182 Die komplette Plakatserie 2017 findet sich auf der Homepage der Neuapostolischen Kirche: http://www.nak.org/de/presse/download/plakatserie-2017/
(letzter Zugriff am 14.03.2017).
183 Vgl. Pfister/Roser: Fachdidaktisches Orientierungswissen, 53–61.

Religionspädagogische und praktisch-theologische Perspektiven

Die Neuapostolische Kirche verantwortet – obgleich Körperschaft des öffentlichen Rechts – gegenwärtig kein eigenes Religionsunterrichts-Angebot an der öffentlichen Schule. In der Regel nehmen die Schüler neuapostolischen Bekenntnisses am konfessionellen (evangelischen bzw. katholischen) Religionsunterricht teil.[184] Religiöse Unterweisung findet in den jeweiligen Gemeinderäumen statt. Die Rekonstruktion und Erforschung des von neuapostolischen, theologischen und religionspädagogischen Laien durchgeführten Unterrichts ist ein Desiderat der Forschung. Analoges gilt für die Rekonstruktion des neuapostolischen Gottesdienst- und Predigtverständnisses.

Differenzen wahrnehmen können:

Die Versiegelung und die Entschlafenen-Gottesdienste wirken ungewöhnlich auf Schüler und sind unbedingt als Differenz zu thematisieren. Da es hier keinerlei Entsprechungen im Christentum gibt, sind diese Riten als Differenz zu benennen. Eine deutliche theologische Distanz sollte im Religionsunterricht erarbeitet werden, da hinter Versiegelung und Entschlafenen-Gottesdiensten der Gedanke einer Mithilfe zur Selbst-Vergöttlichung des individuellen Menschen

---

184 Vgl. die Hinweise der Kirchenleitung zur Teilnahme von Kindern neuapostolischer Eltern am Religionsunterricht: http://www.nak.org/fileadmin/download/pdf/TL_RelUnt_PGPapier_190803.pdf (letzter Zugriff am 05.03.2017). Dort heißt es, die Teilnahme der Schülerinnen und Schüler am konfessionellen Religionsunterricht sei den Eltern – vom Stammapostel – freigestellt. Aus der Sicht der Kirchenleitung sprechen folgende Gründe für eine Teilnahme am konfessionellen Religionsunterricht: »Unsere Kinder haben bei Teilnahme keine Sonderstellung, sie müssen sich nicht aus dem Klassenverband ausgrenzen. In der Regel befasst sich der Religionsunterricht überwiegend mit sozial-ethischen Fragestellungen, die das Gemeinschaftsleben betreffen, und auch mit ausgewählten biblischen Themen. Neuapostolische Kinder sind durch die religiöse Erziehung vorgebildet und können bei biblischen Themen gute Unterrichtsbeiträge leisten. Dadurch geben sie ein schönes Zeugnis für ihren Glauben ab. Bei einer Benotung im Fach Religion kann eine gute Zeugnisnote erworben werden.«

erkennbar wird, d. h. die Gemeinde unterstützt das Streben nach Perfektion auch nach dem Tod. Hier gilt es auch zu untersuchen, ob im konfessionellen Religionsunterricht deutliche Distanz eingenommen werden sollte.

Dialog ermöglichen können:

Die Missionierungsversuche der neuapostolischen Sonderwege machen einen Dialog auf Augenhöhe nahezu unmöglich. Möglichkeiten eines Dialogs können sich ggf. aber im Hinblick auf die Parusieerwartungen im Vergleich ergeben. Insbesondere kann an dieser Stelle das biblisch begründete Spannungsverhältnis von präsentischer und futurischer Eschatologie diskutiert und erörtert werden.

Distanz einnehmen können:

In praktisch-theologischer Perspektive wird – mit Blick auf die von der Neuapostolischen Kirche angestrebte Ökumenizität – zu prüfen sein, ob nicht im instruktionstheoretischen Offenbarungsverständnis, vermittelt durch das Apostolat, ein Grundwiderspruch zum freien, kommunikativen und dialogischen Angebotscharakter der »Kommunikation des Evangeliums« konstatiert werden muss und ob nicht die Entschlafenen-Gottesdienste als biblisch nicht begründbare Proselytisierung gekennzeichnet werden müssen.

Quellen und Literaturhinweise

Primärquellen

Neuapostolische Kirche (Hg.): Katechismus der Neuapostolischen Kirche, Neu-Isenburg 2012

Sekundärliteratur

Kai M. Funkschmidt (Hg.): Bewahrung und Erneuerung. Ökumenische Analysen zum neuen Katechismus der Neuapostolischen Kirche. (= EZW-Texte 228), Berlin 2013

Helmut Obst: Apostel und Propheten der Neuzeit – Gründer christlicher Religionsgemeinschaften des 19. und 20. Jahrhunderts, Göttingen 2000

4.6 Religiöse Sonderwege von Neuoffenbarungsgruppen

Der Weltweite Urchristliche Strom – Urchristen in der Nachfolge des Jesus von Nazareth, des freien kosmischen Geistes […].

Das Universelle Leben ist der universale Lebensstrom, der vom ewigen Vater ausgeht und den Jesus von Nazareth uns lehrte und uns vorlebte. Der Universale Lebensstrom ist das allumfassende Lebensgesetz der Himmel. Aus dem universalen Lebensstrom kam der Sohn Gottes zu uns Menschen. Er war der Gottesprophet, der Gottverkünder Seines Vaters, so, wie alle Propheten, die vor und nach Ihm kamen. Sein Erdenleben, Sein ›Vollbracht‹ ist Seine Erlösertat und der Schlüssel ins Himmelreich, dass Jesus, der Christus, für alle Menschen und Seelen erschlossen hat. Jesus von Nazareth wurde am Kreuz der Sieger und somit der Erlöser aller Menschen und Seelen. Mit Seiner inneren Stärke und Seiner Treue zu Gott, Seinem himmlischen Vater, besiegte Er den Wunsch und den Willen der Dämonen, Gottes All-Schöpfung aufzulösen. Er ist der Christus Gottes, der vom himmlischen Vater zu uns Menschen und für uns Menschen kam. Jesus von Nazareth war ein Mann des Volkes. Er war geradlinig, aufrichtig und in allem gottergeben. Seinen himmlischen Vater pries Er in allen Seinen Worten und Lehren. Jesus von Nazareth lehrte uns Menschen in allen Facetten des Lebens die Anwendung der Zehn Gebote Gottes und Seine Bergpredigt. Was Er lehrte, das lebte Er. Jesus von Nazareth brachte uns Menschen das Reich Gottes nahe. Er lehrte den Frieden, die Gottes- und Nächstenliebe und das Beten in der stillen Kammer. In Jesus von Nazareth wirkte der Freie Geist, den Er uns Menschen auch nahebringen wollte. Er war gegen Kirchen aus Stein, gegen Priester, Pharisäer und Schriftgelehrte. Er war gegen Dogmen und Riten, gegen kirchliche Satzungen und jegliche Zwänge, gegen die ewige Verdammnis, gegen äußeren Prunk und persönlichen Reichtum. Jesus von Nazareth war Pazifist. Er war gegen Gewalt, gegen Waffen, gegen Krieg, gegen Brudermord und, wie wir durch das prophetische Wort wissen, auch gegen Tiermord. Weil Jesus gegen jegliche Art von Bindendem und Gewalt war, wurde Er von den Pharisäern, Schriftgelehrten und Priestern als Sektierer gebrandmarkt. Gemäß Seinem Leben und Wirken entwickelte sich das Urchristentum und der urchristliche Strom, dem auch wir Urchristen angehören.

Über uns

Wer sind wir also? Wir sind freie Menschen und gehören keiner kirchlichen Institution an, keiner äußeren Religion. Wir gehören dem Einen an, der uns lehrte: »Folget Mir nach!« Für die damaligen Pharisäer, Schriftgelehrten und Priester war Jesus ein Sektierer. Nach der Ansicht der heutigen kirchlichen Institutionen und ihren Anbetern sind auch wir als Nachfolger des Jesus von Nazareth Sektierer, also eine Sekte. Sollten Sie in dasselbe Horn der heutigen Priester, Pharisäer und Schriftgelehrten blasen, werden wir Sie nicht daran hindern, weil es eine gerechte Schmiede im materiellen Kosmos gibt. Wenn manch einer denkt, wir wären überheblich, möchten wir dazu Folgendes sagen, zum einen: Wer Jesus von Nazareth nachfolgen möchte, der hat mit sich selber zu ringen, denn wer ist schon ohne Fehler? Zum anderen: Der sogenannte »heilige« Paulus, den die kirchlichen Institutionen verehren und zu dem sie beten, lehrte seine Gläubigen: »Täuscht euch nicht. Gott lässt Seiner nicht spotten. Was der Mensch sät, wird er ernten.«[185]

Allgemeine Informationen

Das »Universelle Leben« – mit Hauptsitz in Würzburg und Umgebung – gilt gegenwärtig als bedeutendste und konfliktträchtigste »Neuoffenbarungs-Bewegung«[186] im deutschsprachigen Raum. Das »Universelle Leben« (ehemals: »Heimholungswerk Christi«) beruft sich seit 1977 auf Gabriele Wittek als geistbegabte Lehrerin und Prophetin und deren fortschreitende und bis in die Gegenwart reichenden Neuoffenbarungen.[187]

Neuoffenbarungsbewegungen vertreten den Anspruch, dass der biblische Kanon nicht abgeschlossen sei und von daher ergänzt, korrigiert und überboten werden könne bzw. müsse. Dieses zusätzliche

---

185 Quelle: http://www.universelles-leben.org/ (letzter Zugriff am 24.03.2017).
186 Vgl. Pöhlmann et al. 542 f.
187 Ebd., 550 f.

»innere Wort«, das entweder Gottvater, Jesus Christus oder auch
unterschiedliche Engel bzw. Engelhierarchien als Ursprung haben,
kann allein von »Neuoffenbarern« bzw. »Neupropheten« sachgemäß empfangen und verstanden werden. Den »Neuoffenbarern«
obliegt dann die Verkündigung des selbst Gehörten, Geschauten
oder Gelesenen in schriftlicher und mündlicher Form.

Neuoffenbarungsbewegungen ist ein starker gnostizierender
Grundzug zu eigen: Die irdische Existenz und das irdische Bewusstsein wird als prinzipiell defizitär charakterisiert. »Lesekreise« und
»Hörerkreise« um die Neuoffenbarer und Neupropheten ermöglichen einen geistigen und seelischen Aufstieg zu einem »Urwissen«
bzw. zu einer »Ur-Erkenntnis« und damit in die tiefsten Geheimnisse Gottes bzw. seiner Schöpfung.

Jesus Christus wird in den meisten Neuoffenbarungsgruppen primär als vorbildlicher, gnostischer Lehrer verehrt, der beispielhaft den
Wiederaufstieg des Menschen zu seinem göttlichen Ursprung gelehrt
habe und dafür den Tod am Kreuz zu erleiden hatte. Die Berichte
der Evangelien über Worte und Taten des gnostischen Lehrers Jesus
sind – in der Perspektive der Neuoffenbarer – nur bruchstückhaft
und fragmentarisch überliefert. Diese vermeintliche Fragmentarizi-
tät der Überlieferung der Worte und Taten Jesu ist dem beschränk-
ten Verständnisvermögen und Erkenntnisvermögen der Menschen
der damaligen Zeit geschuldet.

Zeitlich und graduell fortschreitendes Bewusstsein und Erkenntnisvermögen der »Eingeweihten« vermag in der Perspektive der Neuoffenbarer und Neupropheten auch höherwertiges, theosophisches
Wissen zu verstehen und zu rezipieren.[188]

Als weitere – nachhaltig wirksame – Neuoffenbarungsbewegungen sind an dieser Stelle u. a. zu nennen
– der »Liebe-Licht-Kreis«[189] Nürnberg (gegr. 1976) um die Trägerin
  des »inneren Wortes«, *Renate Triebfürst,*
– der »Lichtkreis Christi«[190] um *Harald Stößel* in Übersee am Chiemsee.

---

188 Vgl. Pöhlmann et al. 443–445.
189 Vgl. die Homepage des Kreises: http://www.liebe-licht-kreis-jesu-christi.de/
    (letzter Zugriff am 25.03.2017).
190 Vgl. Matthias Pöhlmann: Art. Neuoffenbarer, Berlin 2008, in: http://www.
    ezw-berlin.de/html/3_153.php (letzter Zugriff am 13.05.2017).

In religionswissenschaftlicher Perspektive ist es bedeutsam, dass sich aus »Neuoffenbarungsbewegungen« weitere neue religiöse Sonderwege entwickeln können, z. B.

- die katholisch-neureligiöse »*St. Michaelsvereinigung*« in Dozwil/ Schweiz[191],
- der Orden »*Fiat Lux*« um die »*Prophetin Uriella*« im südlichen Schwarzwald,
- der »*Bruno-Gröning-Freundeskreis*« in der Nachfolge des Geistheilers *Bruno Gröning*[192].

Mit Pöhlmann und anderen kann festgehalten werden, dass es sich beim »Universelle(n) Leben« – im Gegensatz zu den klassischen Neuoffenbarungsbewegungen des 19. und beginnenden 20. Jahrhunderts (z. B. der sog. Lorber-Bewegung[193]) – um eine »postchristliche, synkretistische Neureligion mit starker kommerzieller Prägung«[194] handelt.

Arbeitsfragen zum Offenbarungsverständnis der Neuoffenbarungsgruppen

Bearbeiten Sie die nachfolgenden Fragen zur Förderung Ihrer apologetischen Wahrnehmungs-, Deutungs-, Urteils-, Dialog- und deiktischen Kompetenz mit Bezug auf die christologischen Modelle und Argumentationsschemata im Kontext so genannter Neuoffenbarungsgruppen:

Zur Wahrnehmungskompetenz: Beschreiben Sie, wie der Anspruch der Neuoffenbarungsbewegung »Universelles Leben« auf Sie wirkt.

---

191 Vgl. die Homepage der Vereinigung unter: http://www.benedicite.ch/ (letzter Zugriff am 25.03.2017).

192 Vgl. die Homepage des »Freundeskreises«: https://www.bruno-groening. org/de (letzter Zugriff am 25.03.2017).

193 Vgl. die Hinweise bei Pöhlmann et al., 482–491.

194 Pöhlmann et al., 538 und die Hinweise ebd., 547 f., zur kommerziellen Ausrichtung des »Universellen Lebens« mit Privatschulgründungen, einem Literatur- und Medienverlag, Altenpflegeorganisation sowie Ladengeschäften mit vegetarisch-veganen Produkten.

Der ehemalige Pfarrer der bayrischen Landeskirche, Dieter Postel, hat sich die Rechte an der Internet-Domain *Der Theologe*[195] gesichert. Er betreibt unter dieser Internetadresse eine Online-Zeitschrift, die inhaltlich eng mit den Positionen des »Universellen Wissens« verbunden ist. Beschreiben Sie, wie die These auf Sie wirkt, dass die Kirche die ursprüngliche Botschaft von Jesus Christus verraten habe? Mit der Domain *Der Theologe* ist die Internetseite *Der freie Geist*[196] verlinkt. Dort heißt es zur Zielsetzung der Beiträge:

»*Warum die Rehabilitation des Christus Gottes? Die Schädigung Seines guten Namens durch angeblich ›christliche‹ kirchliche Institutionen, die etwas ganz Anderes lehren als Jesus von Nazareth, wird von Urchristen nicht mehr hingenommen. Es handelt sich um den schwerwiegendsten Betrug der Menschheitsgeschichte, da unter dem falschen Etikett ›christlich‹ 1700 Jahre lang schlimmste Verbrechen und Schandtaten begangen wurden und werden.*

Aufgrund der kirchlichen Gräueltaten klagen Opfer der Kirche deshalb auch ›Christus‹ an, da der klerikale Betrug mit Seinem Namen verhindert hat, dass die Opfer die wahre Lehre und Botschaft des Christus kennen lernen konnten. Jesus setzte niemals Priester ein, und das kirchliche Scheinchristentum hat mit Gott und Christus nichts zu tun. Es wird einem anderen ›Gott‹ gefrönt, der bereits im antiken Baalskult verehrt wurde.

Bis in die Gegenwart verschleiern die Institutionen Kirche durch raffinierte Öffentlichkeitsarbeit ihre wahren Absichten, die letztlich darin bestehen, ein Leben im Geiste Gottes und nach Seinen Geboten zu verhindern. […]

Doch die Zeit dieses großen Betrugs geht nun zu Ende. Christus, der in Jesus von Nazareth unter uns lebte, wird rehabilitiert. […] Denn der gute Name ›Christus‹ wird nun von dem befreit, was äußere Religionen Ihm und damit auch Gott, dem Ewigen, fälschlicherweise zuschreiben.«[197]

---

195 Vgl. http://www.theologe.de/impressum.htm (letzter Zugriff am 24.03.2017).
196 In: http://www.der-freie-geist.de/ (letzter Zugriff am 24.03.2017).
197 Zitiert nach: http://www.der-freie-geist.de/video/rehabilitation-einleitung
       (letzter Zugriff am 24.04.2017).

Zur Deutungskompetenz: Beschreiben Sie die Zielsetzungen des »Universellen Lebens« auf der Grundlage der Quellenausschnitte in diesem Kapitel.

Überlegen Sie, welche Zielgruppen vom »Universellen Leben« angesprochen werden könnten. Wie wird diese »Ansprache« ins Werk gesetzt?

Zur Urteilskompetenz: Positionieren Sie sich zur These des »Priesterbetruges«, d. h. zur These der bewusst vorgenommenen Verfälschung ursprünglich vorhandenen Offenbarungswissens.

Positionieren Sie sich theologisch zum – bei den meisten Offenbarungsgruppen – vertretenen gnostisierenden Menschenbild.

Positionieren Sie sich zur These des »Universellen Lebens« und weiterer Neuoffenbarungsgruppen, auch heute noch gebe es von Gott gesandte Propheten (Sprachrohre Gottes), die der Menschheit zusätzliche und ergänzende – bisher versteckte – Offenbarungen mitzuteilen vermögen.

Zur Dialogkompetenz: Die Evangelische Zentralstelle für Weltanschauungsfragen urteilt in Bezug auf etwaige Dialogmöglichkeiten mit dem »Universellen Leben« sehr kritisch:

»Die christlichen Versatzstücke im Glaubenssystem des UL sind durchweg in ihrem ursprünglichen Charakter entstellt und reine Fassade. Faktisch steht Gabriele Wittek im UL an der Stelle Jesu Christi. Sie gilt als ›Prophetin Gottes in der mächtigen Zeitenwende‹, als ›Lehrprophetin und Botschafterin Gottes‹, als ›hohes Geistwesen im Erdenkleid‹, als ›Stamm-Mutter des Friedensreiches Jesu Christi‹. Ihren oft willkürlich anmutenden Entscheidungen wird allein letzte Gültigkeit in allen Glaubens- und Lebensfragen beigemessen.«[198]

Aufgrund der totalitären Tendenzen rät die Zentralstelle von einem theologischen Dialog ab bzw. sieht unüberwindbare Hindernisse für diesen.

Können Sie dieser These zustimmen? Begründen Sie Ihre Position.

---

198 Michael Fragner/Alfred Singer: Kompaktinformation: Universelles Leben, Berlin 2010, in: http://www.ezw-berlin.de/downloads/Flyer_Kompakt-Information_Universelles_Leben.pdf (letzter Zugriff am 26.05.2017).

Zur deiktischen Kompetenz: Sowohl im »Universellen Leben« als auch bei den meisten Neuoffenbarungsgruppen werden die insbesondere im sog. »Chalcedonense« (451) getroffenen christologischen Destinktionen (Jesus von Nazareth: wahrer Mensch und wahrer Gott) oftmals einseitig zugunsten eines Verständnisses von Jesus von Nazareth als überragendem, universellem und tiefste, göttliche Geheimnisse in sich tragendem und von diesen wissendem Menschen aufgelöst.

Erarbeiten Sie für die Schülerinnen und Schüler Ihrer Lerngruppe – mit Hilfe der konstruktiv-kritischen Perspektive[199] – eine Unterrichtssequenz zum Thema: »Historischer Jesus – Kerygmatischer (verkündigter) Christus«. Hier könnte die Lerngruppe z. B. die Zeit- und Kontextabhängigkeit entsprechender Jesus-Bilder sowie christologische Distinktionen der altkirchlichen Dogmen erkennen und sich zu diesen positionieren, wobei der Text des Chalcedonense zugrunde gelegt werden kann:

»Wir folgen also den heiligen Vätern und bekennen einen und denselben Sohn, unseren Herrn Jesus Christus, und lehren alle einmütig, dass derselbe sei vollkommen in der Gottheit und derselbe vollkommen in der Menschheit, derselbe als wahrhaftiger Gott und als wahrhaftiger Mensch, mit einer vernünftigen Seele und einem Leib, dem Vater wesensgleich nach der Gottheit und derselbe uns wesensgleich nach der Menschheit, in jeder Hinsicht uns ähnlich, ohne die Sünde; dass er von Ewigkeit her aus dem Vater der Gottheit nach geboren wurde, aber derselbe in den letzten Tagen um unseretwillen und unseres Heiles willen aus der Jungfrau Maria, der Gottesgebärerin, der Menschheit nach.

Wir bekennen einen und denselben Christus, den Sohn, den Herrn, den Einziggeborenen, in zwei Naturen unvermischt, ungewandelt, ungetrennt und ungeschieden offenbart; keineswegs ist der Unterschied der Naturen durch die Vereinigung aufgehoben, vielmehr wird die Eigenart jeder Natur bewahrt, und beide treten zu einer Person und einer Hypostase zusammen; nicht einen in zwei Personen geteilten oder getrennten, sondern einen und denselben einziggeborenen Sohn,

---

199 Pfister/Roser: Fachdidaktisches Orientierungswissen, 106–113.

> *Gott, Wort, Herrn, Jesus Christus, so wie vorzeiten die Propheten von ihm und Christus selbst uns unterwiesen haben und wie es uns das Glaubensbekenntnis der Väter überliefert hat.«*[200]

Religionspädagogische und praktisch-theologische Perspektiven

Direkte Kontakte mit Mitgliedern entsprechender Neuoffenbarungsgruppen im Kontext des Religionsunterrichts dürften – bedingt durch die lokale Begrenztheit und die entsprechende Organisationsform eher seltener sein.

Gleichwohl ermöglicht die Rekonstruktion der Glaubens- und Gedankenwelt entsprechender Neuoffenbarungsgruppen bzw. die Auseinandersetzung mit dieser Glaubens- und Gedankenwelt den Schülerinnen und Schüler einen mehrperspektivischen Kompetenzerwerb.

Differenzen wahrnehmen können:

Insbesondere die Rekonstruktion der differenten Jesus-Bilder (bzw. die Rekonstruktion des Lebenswegs des historischen Jesus) auf der einen Seite und der gnostisierenden Anthropologie auf der anderen Seite ermöglicht es den Schülern unüberbrückbare Differenzen zu historisch-kritischen Bibelwissenschaften wahrzunehmen.

Der Auseinandersetzung im (gymnasialen) Religionsunterricht mit entsprechenden »Kundgaben« der »Neuoffenbarer« kommt auch wissenschaftspropädeutische Funktion zu, indem den Schülern die Möglichkeit gegeben wird, Kriterien an die »Kundgaben« anzulegen und diese anschließend – wissenschaftstheoretisch begründet – zu beurteilen.

Dialog ermöglichen können:

Gerade die Auseinandersetzung mit Neuoffenbarungen und Neureligionen ermöglicht es den Schülerinnen und Schülern, Begriff

---

200 Zitiert nach: http://www.serk-heidelberg.de/unser-glaube/das-calcedonense/ (letzter Zugriff am 24.03.2017).

und Gegenstand eines religionstheologischen »Dialoges« zu erarbeiten und diesen hinsichtlich seiner Nachhaltigkeit und Zielsetzung kritisch zu bedenken. Denn insbesondere bei der Auseinandersetzung mit der These, die biblischen Überlieferungen seien (zumindest partiell) defizitär, werden sie mit Überzeugungen konfrontiert, die die Grundlagen christlichen Glaubens infrage zu stellen vermögen. Weiterhin werden sie in Dialog und Auseinandersetzung mit Neuoffenbarungsgruppen dazu aufgefordert, ihr eigenes Offenbarungsverständnis hermeneutisch zu reflektieren.

Distanz einnehmen können:

Zur Reflexion über Begriff und Gegenstand des religionstheologischen Dialogs gehört auch die Einsicht in die Aussichtslosigkeit und Sinnlosigkeit entsprechender Dialogbemühungen und einer daraus resultierenden, deutlichen, klaren, theologisch und religionspädagogisch notwendigen Abgrenzung mit Blick auf entsprechende Neuoffenbarungsgruppen und Neureligionen.

Diese Notwendigkeit einer deutlichen Distanzierung ist insbesondere dann gegeben, wenn entsprechenden Gruppierungen totalitäre, exklusivistische, kirchenfeindliche, die Kirchen dämonisierende Positionierungen zu eigen sind.

Quellen und Literaturhinweise

Primärquellen
https://www.bruno-groening.org/de
http://www.benedicite.ch/http://www.liebe-licht-kreis-jesu-christi.de
http://www.der-freie-geist.de
http://www.universelles-leben.org/

Sekundärliteratur
Patrick Diemling: Neuoffenbarungen: Religionswissenschaftliche Perspektiven auf Medien und Texte des 19. und 20. Jahrhunderts, Potsdam 2012
Matthias Pöhlmann (Hg.): »Ich habe euch noch viel zu sagen …« Gottesboten – Propheten – Neuoffenbarer. Evangelische Zentralstelle für Weltanschauungsfragen, EZW-Texte 169, Berlin 2003
Matthias Pöhlmann (Hg.): Universelles Leben. Beiträge zu einer umstrittenen Neureligion. EZW-Texte 213, Berlin 2011

4.7 Evangelikale Sonderwege

Wir bekennen uns

- zur Allmacht und Gnade Gottes, des Vaters, des Sohnes und des Heiligen Geistes in Schöpfung, Offenbarung, Erlösung, Endgericht und Vollendung;
- zur göttlichen Inspiration der Heiligen Schrift, ihrer völligen Zuverlässigkeit und höchsten Autorität in allen Fragen des Glaubens und der Lebensführung;
- zur völligen Sündhaftigkeit und Schuld des gefallenen Menschen, die ihn Gottes Zorn und Verdammnis aussetzen;
- zum stellvertretenden Opfer des menschgewordenen Gottessohnes als einziger und allgenugsamer Grundlage der Erlösung von der Schuld und Macht der Sünde und ihren Folgen;
- zur Rechtfertigung des Sünders allein durch die Gnade Gottes aufgrund des Glaubens an Jesus Christus, der gekreuzigt wurde und von den Toten auferstanden ist;
- zum Werk des Heiligen Geistes, welcher Bekehrung und Wiedergeburt des Menschen bewirkt, im Gläubigen wohnt und ihn zur Heiligung befähigt;
- zum Priestertum aller Gläubigen, die die weltweite Gemeinde bilden, den Leib, dessen Haupt Christus ist, und die durch seinen Befehl zur Verkündigung des Evangeliums in aller Welt verpflichtet ist;
- zur Erwartung der persönlichen, sichtbaren Wiederkunft des Herrn Jesus Christus in Macht und Herrlichkeit; zum Fortleben der von Gott gegebenen Personalität des Menschen; zur Auferstehung des Leibes zum Gericht und zum ewigen Leben der Erlösten in Herrlichkeit.[201]

---

201 Deutsche Evangelische Allianz: Glaubensbasis der Evangelischen Allianz vom 2. September 1846, sprachlich überarbeitet 1972, in: http://www.ead.de/die-allianz/basis-des-glaubens.html (letzter Zugriff am 20.02.2017).

Allgemeine Informationen

Der englische Begriff *evangelical* war seit dem 16. Jahrhundert die Entsprechung des deutschen Wortes »evangelisch« und wurde synonym zu dem Begriff *protestant* genutzt. Im 18. Jahrhundert betonten dann die so genannten »Evangelicals« in England die Elemente Bekehrung, Evangelisation und Erweckung.[202] Dann wandte man den Begriff »Evangelicals« nur noch auf die Mitglieder der englischen Erweckungsbewegungen an.[203] Da in Deutschland der Evangelikalismus historisch bedingt mehrheitlich pietistisch geprägt ist, nutzt man seit den 1960er-Jahren den Begriff »Evangelikale« als Bezeichnung für die unterschiedlichen Gruppen, die sich aus dem Pietismus und den Erweckungsbewegungen entwickelt haben. Die Vertreter der Erweckungsbewegungen im 19. Jahrhundert betonten insbesondere die Rechtfertigung des sündigen Menschen durch dessen Annahme von Gottes Heilshandeln am Kreuz und die pietistischen Merkmale der Bekehrung, der Mission und des Gemeinschaftsideals. Letztere geschah praktisch durch einen regelmäßigen Besuch der Konventikel, Sozietäten, Vereine und durch das Abhalten von Konferenzen und Allianzen.[204]

Aufgrund gemeinsamer historischer Wurzeln gehören zur evangelikalen Bewegung auch die Pfingstbewegung und evangelikal-charismatische Gruppen.[205] So orientiert sich die Pfingstbewegung an evangelikalen Glaubenslehren (Konversion, Bindung an das Wort Gottes, Heiligung des persönlichen Lebens, Glaube an die Parusie Jesu etc.); die Anhänger betonen die unmittelbare Erfahrbarkeit

---

202 Vgl. F. Laubach: Aufbruch der Evangelikalen, Wuppertal 1972, 13.

203 Vgl. R. J. Busch: Einzug in die festen Burgen. Ein kritischer Versuch, die Bekennenden Christen zu verstehen, Hannover 1995, 90.

204 Vgl. Stefanie Pfister/Matthias Roser: Lexikonartikel »Pietismus«, in: Das Wissenschaftlich-Religionspädagogische Lexikon (WiReLex), in: http://www.bibelwissenschaft.de/wirelex/das-wissenschaftlich-religionspaeda-gogischelexikon/lexikon/sachwort/anzeigen/details/pietismus/ch/50da29 6424f227f1534aa62cd6684864/ (letzter Zugriff am 03.06.2017).

205 So gelten der Pietismus und die Erweckungsbewegungen als Ursprung der Pfingstbewegung, die 1901 unter Studenten des Parkham's Topeka College in Amerika durch den Prediger Seymour in Los Angeles begann und die sich kurzfristig in Deutschland innerhalb der Gemeinschaftsbewegung (im Gnadauer Verband) etablieren konnte.

des Heiligen Geistes (zum Beispiel durch die Geisttaufe, Glossolalie, Visionen, Prophetien, Handauflegen, Heilungsgebete etc). 1954
schlossen sich verschiedene freie Pfingstgemeinden zur »Arbeitsgemeinschaft der Christengemeinden Deutschlands« (ACD) zusammen, die 1982 in den »Bund freikirchlicher Pfingstgemeinden« (BFP)
umbenannt wurde.

Die charismatische Bewegung entstammt der Pfingstbewegung
(Ende der 1960er-Jahre) und teilt deren grundlegende Lehren, wobei
die Anhänger jedoch in den eigenen Kirchen und Gemeinden ver-
bleiben. Kennzeichen der charismatischen Bewegung ist der Zusammenhang von Buße, Glaube, Taufe und Geistempfang und der Emp-
fang der Gnadengaben (Charismen) des Heiligen Geistes sowie die
Evangelisation.

In Deutschland hat sich die Erweckungsbewegung zeitweilig in
der Gemeinschaftsbewegung (Gnadauer Verband) etabliert. In vielen kleinen, voneinander unabhängigen Kreisen pflegt(e) man die
individuelle Frömmigkeit und das pietistische Gemeinschaftsideal.

Eine Institutionalisierung der evangelikalen Bewegung stellt die
»Evangelische Allianz« dar, die 1846 als Ergebnis einer internationalen und interkonfessionellen Konferenz von Vertretern 52 verschiedener Kirchen und Denominationen in London gegründet wurde.
Die »Deutsche Evangelische Allianz« (DEA) mit Sitz in Bad Blan-
kenburg wirkt seit 1851.

Russlanddeutsche Spätaussiedlergemeinden[206] und deren Prediger bzw. Gemeindeleiter nehmen im Kontext der Deutschen Evangelischen Allianz zunehmend Aufgaben und Funktionen eines theologischen bzw. religionspädagogischen »Leader-Shippings« für den
Gesamtverband der Allianz wahr. Insbesondere die Trägervereine
der nachhaltig wachsenden evangelikalen Bekenntnisschulen im
Kontext der Laientheologie russlanddeutscher Spätaussiedler verstehen Schule und Unterricht als Möglichkeit eines »gesellschaftstransformativen Evangelism«. Dabei wird dem Gegenstand einer
»Schöpfungswissenschaft« eine normative Bedeutung zugespro-

---

206 Die so genannten »Russlanddeutschen« oder auch »Spätaussiedler« sind
   Personen, die im Sinne des Art. 116 GG deutscher Volkszugehörigkeit sind.

chen.[207] Theis schildert die religiösen Merkmale vieler Spätaussiedler: große Ergebenheit in Gottes Willen, persönlicher, emotionaler Gottesbezug, korporative Identität (starkes »Wir-Gefühl«), rigide Moralvorstellungen, Biblizismus, Glaube an Verbalinspiration, Gesetzlichkeit, zentrale Bedeutung von Apokalyptik und Bekehrungserlebnis, hoher Stellenwert des Abendmahls etc.[208]

Weitere Meilensteine der evangelikalen Bewegung sind die Gründung des »Weltbundes der Evangelikalen« 1951 in Woudschoten in Holland (»World Evangelical Fellowship«, WEF) sowie der erste Weltevangelisationskongress 1966 in Berlin und der internationale Kongress für Weltevangelisation 1974 in Lausanne. Zudem gibt es die Lausanner Bewegung mit einem deutschen Zweig »Koalition für Evangelisation in Deutschland« und seit 1969 die »Arbeitsgemeinschaft evangelikaler Missionen« (AEM).

Konfessionskundlich bedeutsame Merkmale der evangelikalen Bewegung sind folgende:

– die Betonung eines nachweisbaren Konversionserlebnisses für die eigene Biografie; damit verbunden die Kritik an einer rein theoretischen Frömmigkeitspraxis,
– der Aufruf zum missionarischen Zeugnis-Geben,
– eine starke Betonung eschatologischer Denk- und Argumentationsschemata,
– die Hochschätzung der biblischen Schriften, die bis zur These der völligen Irrtumslosigkeit und Unfehlbarkeit der biblischen Schriften in allen deren Bezügen und Aussagen im christlichen Fundamentalismus reicht,
– die explizite Betonung der Erwachsenentaufe als Glaubenstaufe,
– die Betonung von Orthodoxie und Orthopraxie als Möglichkeiten, selbstständig zum eigenen Heil beizutragen.

---

207 Vgl. Matthias Roser: »Schöpfungswissenschaft« an evangelikalen Bekenntnisschulen – eine religionspädagogische Analyse (Diss. WWU Münster 2017), Nordhausen 2017.
208 Vgl. Stefanie Theis: Religiosität von Russlanddeutschen, Stuttgart 2006, 134–145. Gegenwärtige russlanddeutsche Theologie und Frömmigkeit teilt zentrale theologische und bibelhermeneutische Positionen mit der Deutschen Evangelischen Allianz. Daher ist es nicht zielführend im Kontext des Buches, von einem Sonderweg der russlanddeutschen Religiosität zu reden.

Arbeitsfragen zum Glaubensbekenntnis der evangelikalen Sonderwege:

Bearbeiten Sie die nachfolgenden Fragen zur Förderung ihrer apologetischen Wahrnehmungs-, Deutungs-, Urteils-, Dialog- und deiktischen Kompetenz mit Bezug auf evangelikale Sonderwege.

Zur Wahrnehmungskompetenz: Beschreiben Sie die für Sie größten Differenzen evangelikaler Theologie und Frömmigkeit zur landeskirchlichen Position und benennen sie ggf. aber auch Gemeinsamkeiten.

Zur Deutungskompetenz: Welche Aussagen können Sie aufgrund des Zitats am Beginn des Kapitels und der weiteren Literatur zum Selbstverständnis der Evangelikalen treffen?

Zur Urteilskompetenz: Positionieren Sie sich zu den grundlegenden Begriffen der evangelikalen Bewegung »Bekehrung/Wiedergeburt/ Konversion« sowie zur Notwendigkeit einer »persönlichen Glaubensbeziehung« für eine authentische christliche Existenz.

Zur Orientierungs-, Dialog-, Beratungs- und Handlungskompetenz: Beziehen Sie zum folgenden Fallbeispiel Stellung.

Fallbeispiel: In einem 8er-Religionskurs geht es um das Thema »Christliche Identität«. Die evangelikal geprägte Schülerin Sina wirft auf einmal ein:

»Ich finde, dass man ohne eine persönliche Glaubensbeziehung kein richtiger Christ ist. Alle anderen sind doch nur Namens-Christen.«

Max fragt: »Was soll das heißen? Was ist denn ein richtiger Christ?«

Sina: »Siehst du? Ihr wisst das gar nicht. Ihr glaubt doch eh alle nicht an Gott oder an den Auferstandenen. Und ihr habt doch auch alle keine persönliche Beziehung zum lebendigen Herrn.«

Kimberly: »Was ist denn nun los? Was willst du eigentlich von uns?«

Sina: »Ja, mich regt das ganze oberflächliche Gerede hier im Religionsunterricht auf. Selbst Herr/Frau X ist doch gar kein richtiger

Christ. Oder könnten Sie uns einmal bitte erzählen, wann und wie Sie sich in Ihrem Leben zu Jesus Christus bekehrt haben ...?«
Frau/Herr X: ...

Führen Sie den Dialog in dieser Klasse unter Einbeziehung der Schüler fort. Nutzen Sie dabei für Sina die Argumente des evangelikalen Sonderwegs und versuchen Sie diese auch ernst zu nehmen, bevor Sie eigene Argumente nutzen.

Zur Deiktischen Kompetenz: Entwerfen Sie mit Hilfe der elementarisierenden Perspektive[209] eine strukturierte Darstellung evangelikaler Glaubenselemente. Nutzen Sie dafür das autobiografische Zeugnis eines Evangelikalen (Brief an den evangelikalen Autor Werner Gitt)[210]:

»Natürlich kennen Sie mich nicht. Aber genauso wie Sie kenne ich jetzt Jesus persönlich. Und das dank Ihres Buches ›Schuf Gott durch Evolution?‹ Ich nenne es mein ›Bekehrungs-Buch‹. Vielleicht wundert Sie das, weil Sie ja noch ganz andere, leichter lesbare und inhaltlich besser verständliche Bücher geschrieben haben, die auch ich als geeigneter ansehen würde, um jemanden von Gott zu überzeugen! Und doch hat Gott genau das Buch gebraucht, um mich zu gewinnen. Ich ging damals (1993) in die zwölfte Klasse und hatte im Biogrundkurs einen Lehrer, der aus persönlicher Überzeugung uns die Evolutionslehre unterrichtete. Da ich mich als Kind für Astronomie und Kosmologie interessierte, war mein Weltbild: Urknall + Evolution = Mensch. Trotz katholischer Erziehung war ich nicht persönlich von Bibel oder Gott überzeugt. Mein Bruder, der damals durch eine Teestube gläubig geworden war und mit dem ich gerne über alles Mögliche diskutierte, gab mir Ihr Buch ›Schuf Gott durch Evolution?‹ Da der Biolehrer Diskussionen begrüßte, fing ich an, Ihre Gegenargumente aus dem Buch gegen die Evolutionslehre im Biounterricht zu benutzen. Zwei gläubige

---

209 Pfister/Roser: Fachdidaktisches Orientierungswissen, 53–61.

210 Der Textausschnitt ist Teil eines Briefes an den Evangelisten Werner Gitt aus dem Jahr 2006. Der Evangelist und Autor Werner Gitt reproduziert diesen Brief auf seiner Homepage: https://wernergitt.de/beitraege/deutsch/zeugnisse/item/20052-ein-brief-der-freude-bereitet (letzter Zugriff am 15.03.2017).

Mädchen aus der Klasse, von denen ich wusste, dass sie im Schüler-bibelkreis waren, unterstützten mich dabei. Die regen Diskussionen gefielen dem Biolehrer, ich bekam noch eine Note ›2‹ dafür! Obwohl ich Ihr Buch nur zur Hälfte verstanden hatte (wegen des ganzen Informationstechnik-›Zeugs‹ und der nummerierten, komplizierten Thesen, Gegenthesen, Unterpunkte), kamen mir immer mehr Zweifel an der Evolutionstheorie, die ich doch bis dahin als selbstverständlich betrachtet hatte. Mit Feuereifer begann ich in meiner Bibel zu lesen, ich war ganz begierig darauf, herauszufinden, was da wirklich ganz genau drin steht. Da ich gerade Schulferien hatte, habe ich die Bibel in zwei Wochen durch gehabt und habe für mich die Entscheidung getroffen: Jawohl, daran will ich glauben. Gespräche mit meinem Bruder und eine freikirchliche Gemeinde haben mich auf meinem Weg mit Jesus weiter gefestigt. Immer wieder ertappte ich mich in Diskussionen als glühende Verfechterin für die Schöpfungslehre. Ich glaube, Gott wusste, dass er an diesem Thema mein Weltbild umkehren und sich als Schöpfer von mir entdecken lassen konnte. Wenn ich heute anderen Christen von meiner Bekehrung erzähle, sagen sie immer, das sei viel interessanter als ihre eigene Geschichte. Für mich war es die richtige Tür zum Glauben, da ich akademische Eltern habe und in ›Gefahr‹ war, eine intelligente, ver›kopfte‹ Person zu werden, die nur an Tatsachen und Beweise glaubt. Da hat mich Gott genau am richtigen Thema erwischt. Ich habe dann Sozialarbeit studiert, weil ich Gott im Alltag durch meinen Beruf dienen wollte und durfte genau das in der Pflege und Betreuung von geistig behinderten, psychisch kranken Menschen erleben. Heute arbeite ich mit suchtkranken Menschen in einem Wohnheim der Wiedereingliederungshilfe.«

Religionspädagogische und praktisch-theologische Perspektiven

Für Lehrende und Lernende in religionspädagogischen Handlungsfeldern ist es wichtig, sich mit den Kernanliegen evangelikaler Glaubensinhalte (Buße – Übergabe der Existenz an Christus – Wiedergeburt – Heiligung) im Hinblick auf die »Wisdom of Practice« auseinanderzusetzen und zu positionieren.

Das zentrale »Bekehrungserlebnis« erfährt unter den Bedingungen individueller, religiöser und weltanschaulicher Sinnsuche
einerseits und beobachtbarer, religiöser Radikalisierungstenden-
zen (Fundamentalisierung religiösen Welt- und Daseinsverständ-
nisses) andererseits zunehmende Aufmerksamkeit und zunehmen-
des Interesse und kann auch dazu führen, dass es als verlockend
angesehen wird.[211]

Ein Kontakt mit evangelikalen Schülerinnen und Schülern in
Religionskursen ist durchaus realistisch, insbesondere in folgenden
Bundesländern: Baden-Württemberg, Nordrhein-Westfalen, Hes-
sen, Rheinland-Pfalz.

Differenzen wahrnehmen können:

Wichtig wird, dass eine Konversion (Bekehrung/Wiedergeburt/
Entscheidung für den Glauben an Jesus Christus) nicht unbedingt
Bestandteil des christlichen Glaubens ist und nicht als Voraussetzung
für das Christsein gelten darf. Zugleich ist der evangelikale Schüler
ernst zu nehmen, der ja gerade dieses Bekenntnis für sich als grundlegend fordert und auch stolz darauf ist. Es sollte nicht vorschnell
abgewertet werden.

Dialog ermöglichen können:

Der Dialog mit evangelikalen Schülern und Schülerinnen im Religionsunterricht ist ein interessantes Unterfangen, da diese insbesondere freikirchliche Traditionen und Überzeugungen in das
Unterrichtsgeschehen gewinnbringend einzubringen vermögen. So
beschreibt Rita Klindworth-Budny, Schulpastorin eines Gymna-
siums, die Begegnung wie folgt:

Im Lauf der Jahre habe ich zunehmend schätzen gelernt, wenn die kirchlich distanzierten Schülerinnen und Schüler Lernchancen durch ihre

---

211 Unter der Fragestellung nach dem Bedingungsgefüge und den Konsequenzen von »Conversions« hat sich hierzu gerade im englischsprachigen Raum
ein – auch religionspädagogisch relevanter – Forschungszweig etabliert. Vgl.
Henry P. P. Gooren: Religious conversion and disaffiliation: Tracing patterns
of change in faith practices, New York 2010, 337 sowie: Lewis R. Rambo:
Understanding religious conversion, New Haven/London 1993, 76 ff.

)frommen(Mitschülerinnen und Mitschüler bekommen. In der Begegnung mit deren Haltungen können sie ihre eigene (oft ebenso fundamentalistische) antireligiöse Haltung wahrnehmen und reflektieren und eine tolerantere Haltung gegenüber Christen einüben (dies vor allem in den zweistündigen Oberstufenkursen, die von eher naturwissenschaftlich orientierten Schülerinnen und Schülern belegt werden).[212]

Grenzen des Dialogs entstehen häufig in Diskursen zum Thema Schöpfung und Evolution bzw. in Diskursen zum Wahrheitsbegriff mit Bezug auf die Heilige Schrift.

Eine interessante Perspektive für den Religionsunterricht ergibt sich dann, wenn es gelingt, freikirchlich geprägte, religiöse Lernorte in das schulische Binnencurriculum zu integrieren. Insbesondere Schüler-Führungen in freikirchlichen Gemeindezentren haben sich hierbei als sinnvolle didaktisch-methodische Perspektive für den Religionsunterricht erwiesen.

Distanz einnehmen können:

Die Lehrperson und die anderen Schüler haben deutlich davon Abstand zu nehmen, wenn sie selbst oder andere als »bloße Namenschristen« oder als »nicht erlöst« bezeichnet werden. Tendenzen evangelikal-fundamentalistischer Sonderwege, ihre eigene Konversion und die nachfolgende »Konversionshermeneutik«[213] als grundlegend für ihr »Seelenheil« anzusehen, können dazu führen, dass sie sich als die »Auserwählten Gottes« und alle Außenstehenden als nicht »teilhaftig an der Herrlichkeit Gottes« betrachten. Dies kann entweder dazu führen, dass diese Schüler sich komplett von dem für sie »weltlichen« Unterrichtsgeschehen distanzieren oder sich dazu gezwungen sehen, der Klasse »Zeugnis zu geben«. Konkret kann es bedeuten, dass diese Schüler ihre Lerngruppe auf die Erlösung in Jesus Christus hinweisen, auf die Möglichkeit, die Sünde vor Jesus Christus zu bekennen, sich zu bekehren und damit das »Heil zu erlangen.«

---

212 Rita Klindworth-Budny: Wie gehe ich in meinem Religionsunterricht mit sehr »frommen«, fundamentalen christlichen Schülerinnen und Schülern um?, in: Loccumer Pelikan 4 (2013), 168–169.
213 Matthias Roser: »Schöpfungswissenschaft«.

Hier ist die Lehrkraft aufgefordert, darauf zu verweisen, dass es sich bei der Annahme des Einzelnen durch Gott um ein unverdientes Geschenk handelt und nicht um ein durch religiöse Leistung zu erwerbendes Gut. Weiterhin wäre in diesem Kontext auch auf das unterschiedliche Missionsverständnis hinzuweisen.

Quellen und Literaturhinweise

Primärquellen

Zentrale Dokumente zum evangelikalen Selbstverständnis finden sich auf der Homepage der »Lausanner Bewegung«: http://www.lausannerbewegung.de/index.php?node=78
Douglas, John Dixon (Hg.): Let the Earth Hear His Voice. Official Reference Volume. Papers and Responses. International Congress on World Evangelization, Minneapolis 1975
Ders. (Hg.): Proclaim Christ until He Comes. Calling the Whole Church to Take the Whole Gospel to the Whole World. Lausanne II in Manila. International Congress on World Evangelization, Minneapolis 1990
Cameron, Julia E.M. (Hg.): Christ Our Reconciler: Gospel/Church/World: The Third Lausanne Congress on World Evangelization, Nottingham 2012

Die genannten drei Bände enthalten alle zentralen Dokumente der »World Evangelical Alliance«.

Sekundärliteratur

Gisa Bauer: Evangelikale Bewegung und evangelische Kirche in der Bundesrepublik Deutschland. Geschichte eines Grundsatzkonflikts (1945 bis 1989), Göttingen 2012
Hansjörg Hemminger: Evangelikal: von Gotteskindern und Rechthabern, Gießen 2016
Friedhelm Jung: Die deutsche evangelikale Bewegung. Grundlinien ihrer Geschichte und Theologie, Bonn [3]2001
Pfister/Roser, Art. Pietismus, online verfügbar unter/http/::www.bibelwissenschaft.de:wirelex:das-wissenschaftlich-religionspaedagogischelexkon:le xikon:sachwort:anzeigen:details:pietismus:ch:50da296424f227f1534aa6 2cd6684864
Reinhard Scheerer: Bekennende Christen in den evangelischen Kirchen Deutschlands 1966–1991. Geschichte und Gestalt eines konservativ-evangelikalen Aufbruchs, Frankfurt am Main 1997

4.8 Religiöse Sonderwege der Kreationisten

Zwar sind seit der Erstveröffentlichung von Charles Darwins Buch »Von der Entstehung der Arten« am 24. November 1859 unzählige Fakten bekannt geworden, die ganz klar gegen die Evolutionstheorie sprechen, doch der Glaube an Evolution, Urknall und eine viele Millionen Jahre alte Erde hat sich tief in das Bewusstsein der modernen Gesellschaft eingeprägt. Dabei hat diese Weltanschauung allmählich einen fundamentalistischen Charakter angenommen. In keinem anderen Bereich der Wissenschaften werden kritische Stimmen so unsachlich und vehement attackiert wie auf diesem Gebiet der Forschung. Wer zweifelt, wird aus der Debatte um die Ursprungsfragen ausgeschlossen und nicht selten bekämpft.[214]

[…] Evolutionisten und Nicht-Evolutionisten steht genau das gleiche naturwissenschaftliche Datenmaterial zur Verfügung. Es ist nicht eine Frage der naturwissenschaftlichen Daten, sondern eine Frage der vom eigenen Weltbild bewusst oder unbewusst beeinflussten Datenauswahl, -interpretation und -extrapolation, ob jemand das Modell der Evolutions-, Ursuppen- und Urknalltheorie befürwortet oder ablehnt. Der Glaube, dass chemische und physikalische Gesetzmässigkeiten genügen, um die Komplexität und Vielfalt des Lebens und den unermesslichen Kosmos hervorzubringen, wird durch die naturwissenschaftliche Datenlage nicht zwingend gestützt. Bei vielen Herkunftsfragen muss die naturwissenschaftlich korrekte Antwort schlicht lauten: Wir wissen es nicht. Das wirkt ehrlicher, als unbewiesene Hypothesen als Tatsachen auszugeben. Die Autoren der 95 Thesen gegen die Evolution wissen und anerkennen, dass gerade in der naturwissenschaftlichen Grundlagenforschung viele Forschende mit grossem persönlichen Einsatz versuchen, neue Horizonte sichtbar werden zu lassen. Dabei werden nicht nur Fragen beantwortet, sondern es tauchen auch immer wieder neue, oft unerwartete Fragen auf. Die Zahl der ungelösten Fragen nimmt rascher zu als diejenige der lösbaren Fragen. Leider ist es in der öffentlichen Evolutionsdebatte so, dass über noch ungeklärte Detailfragen diskutiert, aber die Evolution im Sinne der Höherentwicklung nicht grundsätzlich infrage gestellt

---

214 Quelle: http://www.0095.info/de/ (letzter Zugriff am 20.03.2017).

werden darf. Leuten, die das trotzdem tun, droht der Ausschluss aus dem Wissenschaftsbetrieb und dem Bildungswesen. Hier können Verfechter der Evolutionstheorie, oft unbewusst, einen totalitären, dogmatischen und ideologischen Standpunkt einnehmen. Die Autoren wünschen sich eine Gesellschaft, in der jedem Menschen die Freiheit zugestanden wird, seine Weltanschauung selbst wählen und vertreten zu können, soweit dadurch die Freiheit anderer nicht eingeschränkt wird. Es erscheint ihnen legitim, über ein Weltbild der Entstehung des Lebens, frei von evolutionären Dogmen und gesellschaftlichem Druck, nachzudenken. Der grundsätzliche Beweis- und Plausibilitätsnotstand der Evolutionshypothese wird exemplarisch in den hier vorgelegten 95 Thesen dargelegt. Die Orientierung der Autoren bei diesem Thema ist die Sicht der Bibel, in der steht: »Seit der Erschaffung der Welt sind Gottes Werke ein sichtbarer Hinweis auf Ihn, den unsichtbaren Schöpfer, auf Seine ewige Kraft und Sein göttliches Wesen«.[215]

Allgemeine Informationen

Das Eingangszitat zu diesem Teilkapitel ist der aktuellen Homepage des Schweizer Vereins »Progenesis«[216] entnommen. Dieser Verein gehört zusammen mit der im Schwarzwald beheimateten »Studiengemeinschaft Wort und Wissen« zu den profiliertesten deutschsprachigen Vertretern eines christlichen Fundamentalismus in Bezug auf einen als grundlegend notwendig erachteten »kreationistischen« Paradigmenwechsel in Forschung, Bildung und Gesellschaft.[217]

Beide Gruppierungen eint die Überzeugung, dass nur eine bekehrte Vernunft in der Lage ist, die biblische Überlieferung sachgemäß als »irrtumslose und unfehlbare« Wahrheit in allen ihren Bezügen zu deuten und zu interpretieren. Von dieser Prämisse ausgehend lasse sich erst eine sachgemäße naturwissenschaftliche Forschung im Modus von biblizistisch genormter »Schöpfungswissenschaft« betreiben.

---

215 Quelle: http://www.0095.info/de/index_schlusserklaerung.html (letzter Zugriff am 20.03.2017).
216 Vgl. die Homepage des Vereins: http://www.progenesis.ch/ (letzter Zugriff 20.03.2017).
217 Vgl. hierzu: Matthias Roser: »Schöpfungswissenschaft«.

Beide Gruppierungen eint ebenfalls die Überzeugung, dass durch den rhetorisch und argumentativ geschickten Einsatz so genannter »evidentialistischer« Argumentationsmuster im Diskurs mit dem Noch-nicht-Bekehrten es möglich ist, dessen Weg zu einer intellektuellen und das Heil ermöglichenden Bekehrung zu fördern.[218]

Zielgruppe kreationistischer Argumentationsmuster sind nicht primär naturwissenschaftlich vorgebildete Fachwissenschaftler, sondern am Dialog von Glaube und Naturwissenschaften interessierte theologische und naturwissenschaftliche Laien.

Die evidialistische Argumentation basiert auf zwei grundlegenden erkenntnistheoretischen Axiomen:

1. Es gibt eine gemeinsame vernunftorientierte bzw. vernunftbasierte Diskursgrundlage zwischen Christen und Nicht-Christen:

»Der Vertreter einer evidentialistischen Apologetik setzt eine gemeinsame Sicht von Erfahrung, wissenschaftlicher Theoriebildung und allgemeingültigen logischen Regeln voraus, wenn er die Aufmerksamkeit des Skeptikers in Anspruch nimmt. M.a.W., es ist eine genügend breite ontologische und erkenntnistheoretische Basis vorhanden, um eine tiefgehende und fruchtbare Diskussion mit dem Nicht-Gläubigen zu führen.«[219]

Das Ziel der evidentialistischen Methode besteht nun in der Rechtfertigung des christlichen Glaubens und seiner grundlegenden Aussagen durch die Naturwissenschaften: »Christianity (is) vindicated by science.«[220]

Kenneth Boa beschreibt die entsprechende Vorgehensweise näher:

»Evidentialism in Christian apologetics seeks to show the truth of Christianity by demonstrating its factuality. Whereas classical apologetics characteristically regards logic or reason as the primary criterion of truth, evidentialism characteristically assigns this priority to fact. [...]

---

218 Ebd., passim.
219 Eigene Übersetzung von: http://thinkinginchrist.com/media/papers/RE-VIEW% 20OF%20APOLOGETIC%20METHODS.pdf (letzter Zugriff am 05.10.2011).
220 Ebd.

The meaning of – fact in evidentialism is quite broad. Bernard Ramm, for example, classifies the scope of Christian evidences under the three categories of material fact (historical events, documents, archaeological artifacts), supernatural fact (events or phenomena that can only be explained by – invoking the category of the supernatural), and experiential fact (individual and social phenomena).«[221]

2. Daraus folgt dann für das Verständnis der biblischen Überlieferung, dass die Vertreter dieser evidentialistischen Argumentationsweise die Aufgabe darin sehen, auf der vermeintlich naturwissenschaftlich erwiesenen »Wahrheit des christlichen Glaubens aufzubauen, indem die Fakten des Alten und Neuen Testaments entsprechend geordnet und interpretiert werden.«

Die zielgruppenorientierte Argumentations- und Diskurstechnik des evidentialistischen Modells manifestiert sich zumeist in einschlägigen, argumentativ-rhetorischen Grundfiguren. Zu nennen sind insbesondere folgende Grundfiguren:

– Das sog. »argumentum ad ignorantiam«.

»Aus diesem Argument bezieht die Evolutionskritik ihre eigentliche Legitimation: Mangels Belegen für die eigene (kreationistische) Weltsicht setzen die Evolutionsgegner alles daran, zu demonstrieren, wie wenig wir derzeit noch über die Evolution wissen. Es soll dadurch der Eindruck entstehen, die Evolutionstheorie verliere so an Plausibilität, woran die Hoffnung geknüpft wird, Intelligent Design werde im Gegenzug der Rücken gestärkt«.[222]

– Der logische Schluss der Äquivokation. Als logischen (Fehl-) Schluss der Äquivokation definiert Martin Neukamm das Nicht-

---

[221] http://bible.org/seriespage/evidentialist-apologetics-faith-founded-fact (letzter Zugriff am 05.10.2011). Bei diesem Text handelt es sich um die stark gekürzte Fassung der Darstellung der evidentialistischen Apologetik aus: Kenneth D. Boa/Robert M. Bowman: Faith Has Its Reasons: An Integrative Approach to Defending Christianity, Colorado Springs 2001, 139 ff.

[222] Martin Neukamm: Populäre Fehlschlüsse und rhetorische Stilmittel, in: Ders. (Hg.): Evolution im Fadenkreuz des Kreationismus. Darwins religiöse Gegner und ihre Argumentation, Göttingen 2009, 305.

Erkennen bzw. bewusste Außer-Acht-Lassen metaphorischer Sprachspiele:

»Etliche Biologen sprechen tatsächlich von einer zweckgerichteten Ordnung in der Natur. Die Rede von ›Zwecken‹ und ›Zielen‹ ist in der Biologie jedoch zunächst nur eine metaphorische Sprechweise, die deshalb verführerisch ist, weil wir aufgrund unserer anthropomorphen Denkweise mit intentionalen Begriffen vertraut sind. Wenn z. B. gesagt wird, dass eine Blüte einer Biene Nektar anbiete, handelt es sich um ein rhetorisches Stilmittel und nicht etwa um die Beschreibung einer echten zweckgerichteten Handlung, weil Blumen mangels kognitiver Fähigkeiten weder Ziele verfolgen noch in der Zukunft liegende Entwicklungen antizipieren können. Folglich ist der Schluss auf eine echte Planmäßigkeit ebenso unzulässig wie der Schluss auf einen Planer.«[223]

Signifikant für das Modell evidentialistischer Apologetik ist der Schluss von einer biologisch aussagbaren Teleonomie auf eine theologisch bzw. philosophisch damit gegebene Teleologie und damit implizit die Einführung eines ontologischen Gottesbeweises.

– Als drittes evidentialistisches Argumentationsmuster ist die Verwendung so genannter Analogieschlüsse zu nennen.

»Das Design-Argument der Evolutionsgegner beruht zum Teil auf einem solchen Analogieschluss, wonach festgestellt wird, dass sich biologische Merkmale und die Erzeugnisse menschlicher Ingenieurskunst z. B. hinsichtlich Funktionalität, Komplexität oder ›Genialität‹ ungemein ähneln. Im Hinblick auf die Planmäßigkeit von Artefakten wird daher auf eine ebenso planmäßige Konstruktion von Biosystemen (einen Schöpfungsakt) geschlossen.«[224]

An dieser Stelle kann in theologie- und frömmigkeitsgeschichtlicher Perspektive darauf hingewiesen werden, dass Begriff und Gegenstand des Kreationismus vielgestaltige Phänomene und Ausprägungen

---

223 Ebd., 307.
224 Ebd., 308.

umfasst. Forschungsheuristisch ist es sicherlich sinnvoll, von unterschiedlichen »Kreationismus«-Familien zu sprechen.[225]

Sowohl der Verein »Pro Genesis« als auch die »Studiengemeinschaft Wort und Wissen«[226] können gegenwärtig als prominente Vertreter des »Junge-Erde-Kreationismus« bezeichnet werden. Der Junge-Erde-Kreationismus postuliert, dass eine »schöpfungswissenschaftliche« Interpretation der in der Bibel auffindbaren »naturwissenschaftlichen Fakten« zum Ergebnis führt, dass Adam und Eva als historische Menschen gelten, ein Alter der Erde von weniger als 10.000 Jahren angenommen werden kann, eine gleichzeitige friedliche Koexistenz von Menschen und Dinosauriern möglich war, die Altersangaben der Patriarchen in den Genesis-Texten des Alten Testaments als reale Lebensdaten gelten sowie die Sintflut und der Bau der Arche als ebenfalls historische Ereignisse einigermaßen genau datiert werden können.

Arbeitsfragen zum Kreationismus

Bearbeiten Sie die nachfolgenden Fragen zur Förderung Ihrer apologetischen Wahrnehmungs-, Deutungs-, Urteils-, Dialog- und deiktischen Kompetenz mit Bezug auf den Kreationismus.

Zur Wahrnehmungskompetenz: Beschreiben Sie, welche rhetorisch-argumentativen Strategien und Grundmuster Sie im Textausschnitt des Vereins »Pro Genesis« erkennen.

Zur Deutungskompetenz: Beschreiben Sie, welche unterschiedlichen theologischen Anliegen Ihnen im Textausschnitt des Vereins »Pro Genesis« wie auch im Kreationismus insgesamt erkennbar geworden sind.[227]

---

225 So bereits Bernhard Ramm: The Christian View of Science, 1954.

226 Vgl. die Homepage der »Studiengemeinschaft« und die ebendort niedergelegten Materialien: www. wort-und-wissen.de (letzter Zugriff am 21.03.2017).

227 Die »Studiengemeinschaft Wort und Wissen« unterhält neben ihrer eigenen Homepage: www-wort-und-wissen.de noch die Domain: www.genesisnet. info. An beiden Orten finden Sie weitere Quellen zur Bearbeitung dieser Fragestellung.

Nehmen Sie theologisch reflektiert Stellung zu der These, der Kreationismus bilde im Kern das Fundament für eine christlich-fundamentalistische Dogmatik.

Zur Urteilskompetenz: Nehmen Sie – ggf. in unterschiedlichen Arbeitsgruppen – Stellung zu folgenden beiden Thesen:

1. Die Bibel ist »irrtumslos und unfehlbar« wahr in allem, was sie sagt und zum Ausdruck bringt (d. h. auch in ihren »naturwissenschaftlichen« Angaben).
2. Der Kreationismus ist – in religionspsychologischer Perspektive – Ausdruck eines verunsicherten Glaubens.

Zur Dialogkompetenz: Erarbeiten Sie – ggf. wieder in unterschiedlichen Gruppen – einen theologischen Themenkatalog, der zum Ausdruck bringt, zu welchen theologischen Themen Sie einen Dialog mit dem Kreationismus für zielführend erachten und welche theologischen Themen weniger für einen Dialog geeignet sind.

Abbildung 10

Zur Deiktischen Kompetenz: Die Abbildung ist einer Plakatkampagne des Vereins »Pro Genesis« entnommen.[228]

Positionieren Sie sich – ebenfalls in Plakatform – zur Verhältnisbestimmung von biblischem Schöpfungsglauben und naturwissenschaftlicher Evolutionstheorie.

Erarbeiten Sie – ggf. unter Zuhilfenahme der elementarisierenden Fachdidaktik[229] – eine Unterrichtssequenz zum Thema Schöpfung und Evolution.

Religionspädagogische und praktisch-theologische Perspektiven

Der Kreationismus in seinen unterschiedlichen Modi vertritt ein informationstheoretisches Offenbarungsverständnis. Seiner Meinung nach ist es möglich und heilsnotwendig, der Bibel göttlich inspirierte und damit legitimierte naturwissenschaftliche und theologische Information zu entnehmen. Diese Informationen und der Gehalt dieser »Informationen« sind aber in ihren unterschiedlichen Akzentuierung und Differenzierungen nur einer bekehrten Vernunft zugänglich.

Im Religionsunterricht selbst ermöglicht die Auseinandersetzung mit dem Kreationismus folgenden Kompetenzerwerb bei den Schülerinnen und Schülern:

Differenzen wahrnehmen können:

Die Auseinandersetzung mit kreationistischen Verhältnisbestimmungen von Glaube und Naturwissenschaft ermöglicht es den Schülerinnen und Schülern zu erkennen, dass sich biblischer Schöpfungsglaube nicht als Methodenrepertoire für naturwissenschaftliche Forschung heranziehen lässt. Eine solche Hermeneutik widerspricht der Aussageintention der biblischen Texte selbst und missversteht

---

228 Quelle: http://www.0095.info/de/index_aktionende.html (letzter Zugriff am 20.03.2017).
229 Pfister/Roser: Fachdidaktisches Orientierungswissen, 53–61.

Begriff und Gegenstand biblischer Offenbarung. Gleichermaßen ermöglicht die Auseinandersetzung mit dem kreationistischen Sonderweg, dass ein methodischer (nicht ontologischer) Atheismus Grundlage der modernen Naturwissenschaften und deren Forschung ist. Die Naturwissenschaften repräsentieren einen zweiten – von etwaigen Glaubensaussagen – unabhängigen Zugang zur Wirklichkeit von »Welt« und »Schöpfung«. Eine Vermischung beider Ebenen begeht den klassischen wissenschafts- und erkenntnistheoretischen Kategorienfehler einer *metabasis allo genos* (Übergriff in ein anderes Forschungsgebiet).

Dialog ermöglichen können:

Die Auseinandersetzung mit dem dem Kreationismus zugrundeliegenden informationstheoretischen Bibelverständnis ermöglicht es Schülern im Dialog miteinander und untereinander, Kriterien und Prinzipien für eine – in ihrer Perspektive – sachgemäße Auslegungspraxis biblischer Texte zu entwickeln. Der Religionsunterricht kann damit der Ort sein, an dem Schüler gemeinsam mit der Lehrkraft eine »Auslegungs-«[230] bzw. »Verstehergemeinschaft«[231] der Auslegung biblischer Texte konstituieren und damit Anteil an der Rezeptionsgeschichte biblischer Texte haben können. Die Auseinandersetzung mit der Hermeneutik des Kreationismus kann daher theologisches wissenschaftspropädeutisches Arbeiten und Argumentieren fördern.

Distanz einnehmen können:

Im Kreationismus scheinen häufig die Perspektiven eines »Zwei-Klassen-Christentums« Hintergrund der entsprechenden argumentativen Strategien zu sein. In der Perspektive des Kreationismus ist es nur dem geistig und geistlich Wiedergeborenen möglich, alternative, göttlich gewollte »Schöpfungswissenschaft« zu betreiben bzw. »Schöpfungsforschung« zu initiieren. Diese »Schöpfungswissenschaft« und »Schöpfungsforschung« repräsentiert eine höherwertige Form von Wissen und Erkenntnis im Vergleich zum säkularen Erkenntnisver-

---

230 Mirjam Schambeck: Bibeltheologische Didaktik, Göttingen 2009, 128.
231 Ebd., 129.

mögen des Nicht-Bekehrten. Diese apostrophierte Affirmation eines »Zwei-Klassen-Christentums« nötigt von daher zur theologischen und religionspädagogischen Auseinandersetzung und Distanzierung. Hierbei kann die gemeinsame Exegese entsprechender Stellen und Passagen in den Paulusbriefen (z. B. 1. Kor. 3 und 4) hilfreich sein.

Quellen und Literaturhinweise

Primärquellen

Die Homepages der »Studiengemeinschaft Wort und Wissen« http://www.wort-und-wissen.de/und des Vereins »Pro Genesis« http://www.progenesis.ch/und die ebendort niedergelegten Materialien und Dokumente

Sekundärliteratur

Hansjörg Hemminger: Und Gott schuf Darwins Welt. Der Streit um Kreationismus, Evolution und Intelligentes Design, Gießen/Basel 2009.
Ronald L. Numbers: The Creationists: From Scientific Creationism to Intelligent Design, New York [2]2006.

 ## 4.9 Religiöse Sonderwege messianischer Juden

1. Wir glauben, dass die Bibel von Gott inspiriert ist. Sie ist sein einzigartiges, unbestreitbares, unteilbares und wahres Wort an alle Menschen. Die Bibel ist eine Sammlung von jüdischen heiligen Schriften, die als Altes und Neues Testament eine untrennbare Einheit bilden.
2. Wir glauben, dass Gott Einer ist und sich den Menschen als Vater, Sohn (Messias Jeschua) und Heiliger Geist offenbart.
3. Wir glauben, das Jeschua der verheißene Messias Israels ist, und dass er, von einer Jungfrau geboren, wahrer Gott ist. […]
4. Wir glauben, dass jeder Mensch aufgrund seiner Sünde dem Gericht Gottes verfallen ist. Rettung aus dem Gericht geschieht in der völligen Wiedergeburt durch den Heiligen Geist. Die Wiedergeburt zeigt sich im Glauben an den Messias Jeschua und in der Buße.
5. Wir glauben, dass der Heilige Geist auch heute wirkt. […]
6. Wir glauben an die Auferstehung der durch Glauben Gerechtfertigten, an die ewige und selige Gemeinschaft mit Gott und Jeschua und dass alle anderen in ewiger Verurteilung und Qual bleiben.

7. Wir glauben, dass alle an den Messias Jeschua Gläubigen geistlich in der Familie der Kinder Gottes verbunden sind, unabhängig von Nationalität oder Wohnort.

8. Wir glauben, dass der Glaube eines Menschen seine Nationalität nicht ändert, und dass Juden, die an Jesus glauben, weiterhin zu Israel, dem auserwählten Volk Gottes gehören.

9. Wir glauben, dass an Jeschua gläubige Juden als Glieder des Volkes Israel und der geistlichen Familie der Kinder Gottes ihrem biblisch-jüdischen Erbe verpflichtet sind.

10. Wir unterstützen den biblischen Zionismus, das heißt das Recht für Juden, in Israel zu leben.

11. Wir glauben, dass messianisches Judentum heute die Fortsetzung des biblischen, rechtmäßigen Judentums ist.

12. Wir glauben, dass ein richtiges Schriftverständnis und ein darauf gegründetes Leben nur möglich (sind), wenn wir die biblisch jüdischen Wurzeln verstehen. [...]

13. Wir glauben, dass unsere biblische Verpflichtung darin besteht, die Wahrheit von Jeschua allen Menschen zu bringen, den Juden zuerst.[232]

Allgemeine Informationen

Die ersten Judenchristen in der Jerusalemer Urgemeinde glaubten, dass Jesus der verheißene Messias Israels war. Sie taten dies als inner-jüdische Gruppe und lebten weiter im jüdisch-religiösen Kontext. Mit der Aufnahme der Heidenchristen entstand eine gemischte Gemeinde. Verschiedene Faktoren, wie die Aufnahme der (unbeschnittenen) Heidenchristen, neue religiöse Riten, die Distanz der Judenchristen von den jüdischen Freiheitskämpfen etc. führten zu Trennungspro-zessen zwischen den Judenchristen und der jüdischen Gemeinschaft.

Da sich die heidenchristliche Kirche ab dem frühen 2. Jahrhundert aufgrund der aufkommenden Substitutionstheologie[233] selbst als das

---

232 Evangeliumsdienst für Israel (Hg.): Eine messianische Gemeinde stellt sich vor, Faltblatt »Schma Israel«, Leinfelden-Echterdingen 2000.

233 Der Ausdruck »Substitutionstheologie« oder »Enterbungstheologie« (engl. *Covenant theology* oder *Replacement theology*) ist relativ neu in der christ-

wahre Israel betrachtete, verwehrte sie es den judenchristlichen Mitgliedern, weiter an ihrem jüdischen Erbe festzuhalten. Das führte dazu, dass die Judenchristen als eigenständige Gruppierung »verschwanden«. Dennoch konnten sie bis ins 5. Jahrhundert und in einigen Kirchen sogar darüber hinaus religiöse »Spuren« wie Bräuche oder Symbole hinterlassen. In den späteren Jahrhunderten zwang die heidenchristliche Kirche Juden zur Taufe, Juden erlitten Verfolgungen und Pogrome und somit gab es lange keine judenchristliche Bewegung mehr.

Erst die Puritaner und die Pietisten im 17. und 18. Jahrhundert interessierten sich für das Judentum und suchten den Dialog mit Juden. Die Erweckungsbewegungen des 19. Jahrhunderts belebten wiederum die pietistische Frömmigkeit und es entstanden die Pfingst-, die charismatische und die evangelikale Bewegung. Des Weiteren förderte die Erweckungsbewegung das Entstehen judenmissionarischer Werke, wodurch erstmals wieder seit Jahrhunderten viele Juden freiwillig den Glauben an Jesus als den Messias Israels annahmen, dabei aber in ihren Kirchen verblieben.

Manche einzelne judenchristliche Gruppierungen waren nur von kurzer Dauer, zum Beispiel 1813 die »Beni Abrahams« (Kinder Abrahams) in London, hier trafen sich 41 konvertierte Juden, um den Sabbat zu feiern oder 1884 die Gemeinschaft von ca. 150 jesusgläubigen Juden in Moldawien, die sich »Israeliten des neuen Bundes« nannten, die bis 1914 bestand.

Erst im 19. und 20. Jahrhundert schlossen sich zunehmend an Jesus Christus glaubende Juden, die sich nun »Hebräische Christen« nannten, zu Verbindungen zusammen. Die bedeutendsten Allianzen waren 1865 die »Hebrew Christian Union« (HCU), 1915 die »Hebrew Christian Alliance of America« (HCAA) und insbesondere 1925 die »International Hebrew Christian Alliance« (IHCA).

Innerhalb der hebräisch-christlichen Bewegung trafen sich zu Beginn der 1970er-Jahre einzelne Gruppen, die viele jüdische Ele-

---

lichen Theologie. Vgl. H. Ucko: Common roots, new horizons. Learning about Christian faith from dialogue with Jews, Genf 1994, 28–29. Der Barnabasbrief um 135 n. Chr. ist das erste dementsprechende schriftliche Zeugnis dieser antijüdischen Theologie. Dies machte es den judenchristlichen Mitgliedern schwer, ihre jüdische Identität weiter zu betonen.

mente in ihre Gottesdienstformen integrierten, insbesondere viele
junge Juden wandten sich in Amerika verstärkt den traditionellen
jüdischen Gebräuchen zu. Eine der neu entstehenden Gruppen in
diesen Kontexten war die evangelikal-charismatische Gruppe der
»Jesus People«, die auch viele Juden erfasste, und ab 1970 die Gruppe
»Jews for Jesus« als Zweig der »Jewish Mission of America« (JMA)
in San Francisco, die durch provozierende Straßen- und Campus-
einsätze mit Schauspiel und Gesang auf sich aufmerksam machte.

Angeregt durch die amerikanischen, evangelikal-charismatischen
Aufbruchsbewegungen und ein neues jüdisches Identitätsbewusst-
sein entstand dann 1975 auf einer hebräisch-christlichen Konferenz
in Amerika die Bewegung messianischer Juden.

Mittlerweile hat sich messianisches Judentum weltweit verbreitet, wobei sich stark divergierende Schätzungen auf 50.000 bis
332.000 messianische Juden in 165–400 Gemeinden belaufen.

Die geschilderten Stationen zeigen, dass viele Juden, die sich zum
Glauben an Jesus als den Messias bekannten, nicht in einem jüdischen Kontext aufgewachsen sind und in einem heidenchristlichen
Umfeld konvertiert sind. So weist Bernd Schröder darauf hin, dass
heutigen messianischen Juden dementsprechend nicht die gleichen
Funktionen zufallen können wie den Judenchristen der neutestamentlichen Ära.[234]

Messianische Juden in Deutschland

In Deutschland führte der Holocaust nicht nur zu einem Abbruch
jüdischen Lebens. Die nationalsozialistische Verfolgung und Ermor-
dung von Millionen Juden schloss die an Jesus als den Messias Israels
glaubenden Juden mit ein. Ohne die Einwanderung russischer Juden
aus der ehemaligen Sowjetunion seit 1990 im Rahmen des Kontin-
gentflüchtlingsgesetzes wäre es weder zu einer Wiederbelebung jüdischer Gemeinden in Deutschland noch zu der Entwicklung einer
aktiven messianisch-jüdischen Bewegung gekommen.

---

234 Bernd Schröder: Rezension zu: Stefanie Pfister: Messianische Juden, Ber-
lin/Münster 2008, in: Theologische Literaturzeitung, Heft 9, 134. Jahrgang
(2009), 931–934.

In Deutschland engagierten sich vereinzelt messianische Juden, die bereits Anfang der 1990er-Jahre durch den Kontakt mit evangelikalen Gläubigen in der Sowjetunion konvertiert waren. Durch zahlreiche Kontakte dieser Pioniere mit Mitarbeitern evangelikaler Werke[235] und durch gemeinsame missionarische Aktivitäten entstanden ab 1995 knapp 40 Gemeinden und Gruppen mit etwa 1000 regelmäßigen Besuchern in Deutschland, sodass Hans Hermann Henrix bereits im Jahr 2007 von einer »überraschenden Wirklichkeit des gegenwärtigen messianischen Judentums«[236] spricht.

Die messianisch-jüdische Bewegung stellt immer wieder und besonders höchst aktuell ein Pulverfass im jüdisch-christlichen Dialog dar, da jüdische Gemeinden messianische Juden oftmals nicht als Juden anerkennen, weil diese an Jesus Christus als den Messias glauben. Und für das Gelingen eines jüdisch-christlichen Dialogs ist es wichtig, dass Juden nicht evangelisiert bzw. missioniert werden, sondern dass ihr Glaube respektiert wird, da sie sich als erwähltes Volk Gottes betrachten. Ihnen diesen Erwählungsgedanken abzusprechen, würde an die Substitutionstheologie der frühen Kirche erinnern oder an Pogrome und Verfolgungen innerhalb der Geschichte des jüdischen Volkes.

Deutlich wird die schwierige Position messianischer Juden in der Stellungnahme des Kirchentagspräsidiums zur Teilnahme messianisch-jüdischer Gruppierungen am Stuttgarter Kirchentag 2015, in der es heißt, dass messianische Juden nicht zur aktiven Mitwirkung, zum Beispiel auf dem »Markt der Möglichkeiten«, zugelassen werden.[237] Als Reaktion darauf erfolgte der vehemente Wider-

---

235 »Beit Sar Shalom Evangeliumsdienst« (BSSE, gegr. 1996) als deutscher Zweig des internationalen »Chosen People Ministries« (CPM), »Arbeitsgemeinschaft für das messianische Zeugnis an Israel« (amzi, seit 1985 in Deutschland) und »Evangeliumsdienst für Israel« (EDI, gegr. 1971).

236 Hans Hermann Henrix: Schweigen im Angesicht Israels? Zum Ort des Jüdischen in der ökumenischen Theologie, in: Salzburger Ringvorlesung, Salzburg 2007.

237 Vgl. http://www.kirchentag.de/aktuell/nachrichten/nachrichten/archiv_stuttgart/messianische_juden_gespraech/messianische_juden_statement.html (letzter Zugriff am 13.09.2016) sowie http://www.kirchentag.de/aktuell/nachrichten/nachrichten/archiv_stuttgart/messianische_juden_gespraech.html (letzter Zugriff am 13.09.2016).

spruch des württembergischen Landesbischofs Frank Otfried July, der vor der in Stuttgart tagenden Landessynode betonte: »Messianische Juden haben Platz und Stimme auf dem Kirchentag. Darauf kommt es an.«[238]

Bei einer messianisch-jüdischen Gottesdienstfeier, die meist an einem Schabbat und in russischer Sprache stattfindet, erstaunt zunächst, dass viele jüdische Symbole wie Menora, israelische Flagge, Schofar, Kippa, Tallit, Gebetsschal zu sehen sind; auch die Liturgie ist stark jüdisch geprägt: Die Gottesdienstteilnehmer zünden die Schabbatkerzen an, rezitieren das Schemaʿ Jisrael (meist in gekürzter Form), singen hebräische Lieder und halten den Schabbatkiddusch oder begehen die Havdala-Zeremonie. Ein Mitarbeiter liest aus der Tora und legt sie aus, der Gemeindeleiter spricht den Aaronitischen Segen und über die Kinder den Segen »Möge Gott dich wie Ephraim und Manasse bereiten« oder »Möge Gott dich wie Sarah, Rebekka, Rachel und Lea bereiten«. Manche Gemeinden rezitieren Gebete aus dem Siddur und oft erschallt am Ende des Gottesdienstes der Ausruf »Amen. Baruch atta« (»Gepriesen seist du!«).

Viele jüdische Rituale eines jüdischen Gottesdienstes fehlen aber auch (z. B. Amida, Kaddisch, Lied »Adon Olam«) oder werden »messianisch-jüdisch« interpretiert: Im Anzünden der Schabbatkerzen wird ein Hinweis auf Jeschua als das Licht der Welt und den Herrn des Schabbats gesehen und das Rezitieren des Schemaʿ Jisraels bezieht auch den Glauben an Jesus als den Messias und Sohn Gottes ein. Die Toraauslegung erfolgt immer mit Bezug auf das Neue Testament. Aber es entstehen auch eigene Symbole, Formulierungen oder Rituale: Häufig findet sich das eingeschobene Kurzbekenntnis »Jeschua hamaschiach« in Gebeten, Liedern und Auslegungen wieder. Die angezündete Menora als Symbol erfüllter Messiashoffnungen ist in vielen Gemeinden zu finden.

---

238 Vgl. Idea (Hg.): Messianische Juden können sich am Stuttgarter Kirchentag beteiligen, in: http://www.idea.de/nachrichten/detail/thema-des-tages/artikel/messianische-juden-koennen-sich-am-stuttgarter-kirchentag-beteiligen-1202.html (letzter Zugriff am 13.01.2017).

Auch das Symbol des Davidsterns, der mit einer Menora und dem urchristlichem Fischzeichen verbunden ist, ist in den Gemeinden zusätzlich vorhanden und drückt den Wunsch der messianisch-jüdischen Gemeinde nach Einheit von jüdischen und nichtjüdischen an Jesus Glaubenden aus, wie das im frühen Urchristentum üblich war.[239]

Arbeitsfragen zum Glaubensbekenntnis »Jeshua ha maschiach«

Bearbeiten Sie die nachfolgenden Fragen zur Förderung ihrer apologetischen Wahrnehmungs-, Deutungs-, Urteils-, Dialog- und deiktischen Kompetenz mit Bezug auf den Sonderweg messianischer Juden.

Zur Wahrnehmungskompetenz: Beschreiben Sie, was Sie als größte Unterschiede/Differenzen zur protestantischen Position wahrnehmen. Welche Gemeinsamkeiten erkennen Sie?

Zur Deutungskompetenz: Arbeiten Sie heraus, welche Aussagen Sie aufgrund des Zitats am Beginn des Kapitels und der weiteren Literatur zum Selbstverständnis und zum Glaubensbekenntnis messianischer Juden treffen können.

Zur Urteilskompetenz: Positionieren Sie sich zu dem erkennbar geworden Selbstverständnis messianischer Juden, insbesondere vor dem Hintergrund christlich-jüdischen Dialogs.

Zur Orientierungs-, Dialog-, Beratungs- und Handlungskompetenz: Beziehen Sie bitte zum folgenden Fallbeispiel Stellung:

---

239 Vgl. Stefanie Pfister: Messianische Juden in Deutschland. Eine historische und religionssoziologische Untersuchung, Münster 2008; Dies., Messianische Juden in Deutschland. Eine historische und religionssoziologische Untersuchung, Münster ²2016; Dies.: Messianische Juden. Zur gegenwärtigen messianisch-jüdischen Bewegung in Deutschland, in: EZW (Hg.), Materialdienst 7, 72. Jahrgang (2009), 257–266; Dies: The Present Messianic Jewish Movement in Germany, in: Mishkan 58 (2009), 6–20.

Eine Gruppe Messianischer Juden stellt den Antrag, auf dem Kirchentag 2019 teilzunehmen und sich auf dem »Markt der Möglichkeiten« zu präsentieren.

Soll diesem Wunsch entsprochen werden oder gibt es triftige Gründe diesen Antrag abzulehnen?

Bilden Sie eine Kirchentagskommission und nennen Sie dabei Pro- und Contra-Argumente.

Zur Deiktischen Kompetenz:

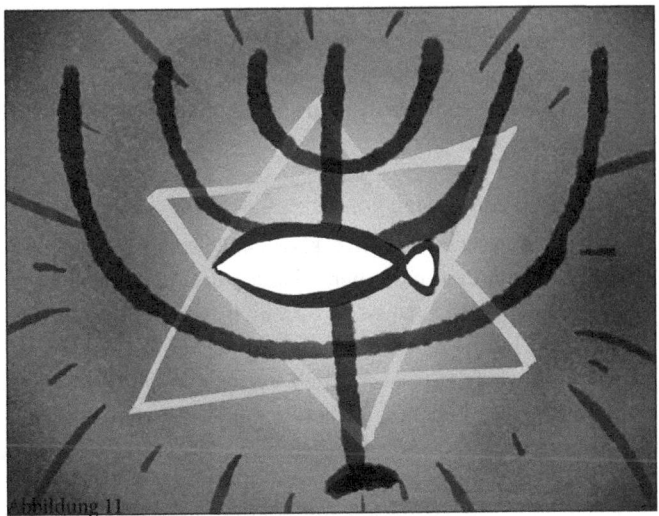

Abbildung 11

Betrachten Sie die Abbildung[240] und beschreiben Sie die Symbole messianischer Juden.[241]

Erörtern Sie, wie es um die Aussagekraft von Menora, Davidstern und urchristlichem Fischzeichen steht. Welche Glaubensaussage steckt in dem Gesamtsymbol?

---

240 Valerij (Schüler einer 9. Klasse, Münster).
241 Zur Methode in symboldidaktischer Perspektive: vgl. Pfister/Roser: Fachdidaktisches Orientierungswissen, 126, in Bezug auf Christian Grethlein: Methodischer Grundkurs für den Religionsunterricht, 19–23.

Entwerfen Sie nun mit Hilfe der symbol- und zeichendidaktischen
Perspektive eine Unterrichtsskizze für eine 10. Klasse zum Thema:
»Was glauben messianische Juden eigentlich?«[242]

Religionspädagogische und praktisch-theologische Perspektiven

Kontakte mit messianisch-jüdischen Schülern werden aufgrund der
geringen Zahl messianischer Juden in der BRD zwar eher selten vor-
kommen, erfordern aber bei realem Kontakt pädagogisches, theologisches und auch geschichtlich-politisches Feingefühl. Zudem ist
die Thematik in Deutschland aufgrund des jüdisch-christlichen Dialogs präsent.

Differenzen wahrnehmen können:

Zunächst einmal ist es wichtig, dass den anderen Schülern der Unterschied zwischen dem jüdischen Glauben und dem Glauben eines
messianischen Juden bewusst wird, denn insbesondere in dem Kurzbekenntnis »Jeshua ha maschiach« liegt der Fokus messianischer
Juden. Somit sollte zuvor vermittelt werden, was jüdischer Glaube
und Frömmigkeit bedeutet, insbesondere das Warten auf den Messias, und welche Rolle hier Jesus einnimmt – dass er gerade nicht
als Sohn Gottes gilt.

Der Glaube messianischer Juden kann ohne Kenntnis zentraler Grundlagen des christlichen Glaubens (z. B. Trinität, Rettung
durch den Glauben an Jesus Christus, Funktion der Gottessohn-
schaft) nicht sachgemäß antizipiert werden.

Es können vorschnelle Urteile entstehen, z. B.: »Warum wird er
dann nicht direkt Christ? Warum benutzt er dann die jüdischen
Gebete? Warum bleibt er nicht Jude?«

Daher ist in einer Unterrichtseinheit darauf zu achten, dass die
jüdische Identität eines messianischen Juden geachtet und nach-
vollzogen werden kann. Sensibel ist auch das Thema der jüdischen

---

242 Vgl. zur symbol- und zeichendidaktischen Perspektive: Pfister/Roser: Fach-
    didaktisches Orientierungswissen, 34–43.

»Abstammung«, wenn messianische Juden zum Beispiel patrilinear oder über die Großeltern ihre jüdische Identität definieren. Auch wenn jüdische Gemeinden diese jüdische Identität oftmals nicht anerkennen, steht es Christen nicht zu, die jüdische Identität messianischer Juden infrage zu stellen.

Dialog ermöglichen können:

Ebenso ist darauf zu achten, dass der christlich-jüdische Dialog thematisiert wird, denn dann können die Schüler auch nachvollziehen, dass die Evangelisation von einigen messianisch-jüdischen Gruppierungen wiederum bei jüdischen Gemeinden für Unmut sorgt. So können die Kirchentagsentscheidungen über die Teilnahme bzw. Nichtteilnahme messianischer Juden am »Markt der Möglichkeiten« Ausgangspunkt sein für einen fruchtbaren Dialog bzw. Trialog zwischen Juden, Christen und messianischen Juden.

Ein Trialog ist jedoch sehr schwierig, wenn man den jüdisch-christlichen Dialog in Deutschland weiterführen möchte. Die Einladung messianischer Juden kann als Affront gegenüber Juden verstanden werden. Ein Anfang ist aber bereits gemacht, wenn Schülerinnen und Schüler diese Problemlage wahrnehmen, deuten und diagnostizieren können.

Distanz einnehmen können:

Die Lehrkraft hat deutlich Abstand zu nehmen, wenn einige Schüler sich von der messianisch-jüdischen Theologie angesprochen fühlen und damit den in ihren Augen »noch nicht erretteten Juden«, die »ja noch auf den Messias warten« die jüdische Messiashoffnung und damit auch den Erwählungsgedanken als Gottes Volk absprechen.

Sollte ein Schüler messianischer Jude und der Ansicht sein, dass nur er errettet ist und die anderen Juden missioniert werden sollen, ist auch dies in einem – ggf. persönlichen – Gespräch zu besprechen. Davon hat sich die Lehrperson und die Lerngruppe deutlich zu distanzieren. Denn sowohl Juden als auch Christen und auch messianische Juden können laut Römer 11 am Heil Gottes teilhaben, hier ist weder eine Substitutionstheologie noch eine Neuoffenbarung zulässig.

Quellen und Literaturhinweise

Primärquellen

Arbeitsgemeinschaft für das messianische Zeugnis an Israel (Hg.): Messianisches Zeugnis, Reinach/Lörrach (erscheint alle zwei bis drei Monate)

Evangeliumsdienst für Israel (Hg.): Gesandt zu Israel. Ein Brief für Freunde, Leinfelden-Echterdingen (erscheint alle zwei Monate)

Beit Sar Shalom Evangeliumsdienst e. V. (Hg.): Kol Hesed. Stimme der Gnade, Jüdische messianische Zeitung, Düsseldorf (erscheint viermal im Jahr)

Sekundärliteratur

Andreas Hornung: Messianische Juden zwischen Kirche und Volk Israel. Entwicklung und Begründung ihres Selbstverständnisses, Gießen 1995

Stefanie Pfister: Messianische Juden in Deutschland. Eine historische und religionssoziologische Untersuchung, Münster, ²2016

Dies.: Messianische Juden. Zur gegenwärtigen messianisch-jüdischen Bewegung in Deutschland, in: EZW (Hg.), Materialdienst 7, 72. Jahrgang (2009), 257–266

4.10 Religiöse Sonderwege deutschsprachiger Gruppierungen mit Sharia-Bezug

Die Scharia ist ein göttliches Recht *(ius divinum)*. Sie wurde dem Propheten mit dem Auftrag offenbart, es den Gläubigen zu vermitteln. Daher ist die Scharia mit der Beendigung der Offenbarung infolge des Todes des Propheten nach Ort und Zeit unabänderbar. Als göttliches Recht ist Gott der alleinige Gesetzgeber. Nach verbreiteter Auffassung ist Gott Inhaber der Souveränität. Sie steht also nach überwiegender Auffassung nicht wie in modernen Rechtsordnungen dem Volk zu.

Die Scharia umfasste ursprünglich außer dem Komplex der so genannten praktischen Normen betreffend das Verhältnis des Menschen zu Gott oder der Menschen untereinander zwei weitere Bereiche, nämlich die Glaubenslehre, sowie die Ethik. Die letzten beiden Bereiche haben sich später von dem Komplex der praktischen Normen verselbständigt. Infolgedessen umfasst die Scharia im engeren Sinne die Gruppe der erwähnten praktischen Normen.

Der Gläubige ist verpflichtet, die in den praktischen Normen der Scharia enthaltenen Gebote und Verbote zu befolgen. Die Regelungen der Scharia sind umfassend und erstrecken sich auf alle Lebensbereiche. Sie gilt als Richtschnur für den Gläubigen, nach der er sein Verhalten im Verhältnis zu Gott (*'ibadat:* kultische Pflichten), zu anderen Menschen (*m'umalat:* Rechtshandlungen des Alltags) und zum Staat (*ahkam sultania*) auszurichten hat.

Im Islam sind zwei Konzepte auseinanderzuhalten, nämlich die Scharia und der *fiqh* (islamische Rechtswissenschaft). Der *fiqh* ist ein von Menschen gemachtes Werk, das im Laufe der Jahrhunderte nach dem Tode des Propheten die Normen der Scharia konkretisiert, und zwar durch Erläuterungen und Ergänzungen. [...] Anders als die Scharia selbst sind die in den *fiqh*-Kompendien enthaltenen Auffassungen der Rechtsgelehrten zu den Scharia-Normen nicht bindend und dürfen den Änderungen der Lebensumstände nach Ort und Zeit angepasst werden, sofern dies nicht gegen die eindeutigen Normen der Scharia verstößt.

Vom *fiqh* (das von den Rechtsgelehrten erstellte islamische Recht), das die bereits erwähnten praktischen Normen umfasst, ist die *usul al-fiqh* zu unterscheiden. Letztere befasst sich mit der Rechtslehre, die sich einerseits mit den Quellen der Scharia, aus denen die praktischen Normen abgeleitet werden, andererseits mit den für die Ableitung verwendeten Methoden beschäftigt.

Der *fiqh* hat die in den Normen der Scharia enthaltenen Werturteile in fünf Kategorien eingeteilt. Die Werturteile sind entsprechend ihrer Schärfe aufgereiht: 1.) Verbotenes, 2.) Verpöntes, 3.) Erlaubtes, 4.) Empfehlenswertes und 5.) Gebotenes. Ist ein Verhalten weder verboten oder verpönt, noch empfehlenswert oder geboten, so ist es erlaubt.[243]

Allgemeine Informationen

Die Sharia ist kein kodifiziertes »Grundgesetz« des Islam bzw. ein entsprechendes Nachschlagewerk, sondern Aufgabe der Sharia ist es, Rechtgläubigkeit (Orthodoxie) und rechtes Handeln (Orthopraxie) in die jeweilige gesellschaftliche und religiöse Gegenwart hinein zu evozieren. Dabei stehen orthodoxes Denken und orthopraktisches

---

243 Zitiert nach: https://www.ipr.uni-heidelberg.de/md/jura/ipr/personen/elwan/
materialien_zur_vorlesung_-_einfuhrung_in_das_islamische_recht_2014_
stand_16_juni.pdf (letzter Zugriff am 12.03.2017).

Handeln in unauflöslicher Verbindung zu- und miteinander und
bedingen sowohl das diesseitige Wohlergehen als auch das jenseitige Heil des gläubigen Muslims, der gläubigen Muslima. Die Aktu-
alisierung der orthodoxen und orthopraktischen Tradition erfolgt
durch verschiedene Rechtsschulen und die dort von entsprechenden Gelehrten (Hoca bzw. Imamen) vorgelegten Fatwas. Die Sharia umfasst – nach islamischem Verständnis – ohne Ausnahme den
gesamten Bereich religiösen und weltlichen Denken und Handelns:

»So entwickelte sich aus der ursprünglichen Bedeutung des Wortes
Scharia als ›dem Weg zur Tränke‹ nach und nach in der Periode vom 7.
bis zum 11. Jahrhundert ein juristischer terminus technicus, der nun als
Oberbegriff für das gesamte islamische Werte-, Normen- und Rechtssystem dient, also für die Gesamtheit der Gebote und Verbote für alle
Bereiche muslimischen Lebens. Die Scharia regelt nun umfassend die
Beziehungen zwischen Gott (Allah) und dem Menschen, die Beziehungen von Mensch zu Mensch, die Beziehungen des einzelnen Menschen
zur Gemeinschaft, die Beziehungen verschiedener Gemeinschaften
untereinander sowie die Beziehungen des Menschen zu seiner Umwelt.
    Materiell-rechtlich umfasst dieser [...] Schariabegriff [...] (insgesamt
acht) Bereiche:
- den gottesdienstlichen Bereich
- die so genannten ›5 Säulen‹ des Islam: Gebet, Fasten, Pilgerfahrt,
   Pflichtabgabe, Glaubensbekenntnis
- das Familienrecht (dort vor allem die Stellung der Frau als ›gleich-
   wertige‹ Partnerin des Mannes) und weitere Teile des Zivilrechts
- das Recht der sog. Schutzbefohlenen (Juden und Christen) das Strafrecht (die Scharia im engeren Sinne) und das Prozessrecht (als Teile
   des Öffentlichen Rechts)
- das Handelsrecht (z. B. das Zinsverbot)
- die Grundsätze der Staatsführung (Rechtsfindung, Rechtsprechung,
   Exekutive)
- das Kriegsrecht und Ansätze eines Internationalen Vertragsrechts«[244]

---

244 Diether Heesemann: Die Scharia – Islamisches Recht und islamische Glau-
    bensregeln im Spannungsverhältnis zu den Grundrechten in Deutschland,
    Frankfurt am Main 2005, in: http://www.ekhn.de/fileadmin/content/ekhn.de/

Vor dem Hintergrund weltweiter Migration und weltweiter Fluchtbewegungen stellt sich – mit Blick auf die Sharia und deren Geltungsanspruch – die Frage nach Grundlagen, Formen und Grenzen der Koexistenz von Rechtsordnungen und möglichen Rechtekollisionen in den Grenzen der Bundesrepublik Deutschland und mit Bezug auf die in der BRD geltende Rechtsordnung neu und in verstärkter Form. So heißt es im Einführungsgesetz zum Bürgerlichen Gesetzbuch in Kapitel 6:

»Eine Rechtsnorm eines anderen Staates ist nicht anzuwenden, wenn ihre Anwendung zu einem Ergebnis führt, das mit wesentlichen Grundsätzen des deutschen Rechts offensichtlich unvereinbar ist. Sie ist insbesondere nicht anzuwenden, wenn die Anwendung mit den Grundrechten unvereinbar ist.«[245]

Dieter Heesemann macht auf folgende Differenzen und aktuelle Konflikte in Bezug auf die Rechtsordnung der BRD aufmerksam:

»Differenzen und Konflikte bestehen vor allem im Bereich der Bekleidungsvorschriften (Kopftuch-Gebot vs. […] Kopftuchverbot im Öffentlichen Dienst), beim islamischen Heiratsgebot […] sowie im Verhältnis von Mann und Frau, das als Gleichwertigkeit beschrieben wird, nicht als Gleichberechtigung.«

Arbeitsfragen zum muslimischen Identitätsbildung durch die Sharia

Bearbeiten Sie die nachfolgenden Fragen zur Förderung ihrer apologetischen Wahrnehmungs-, Deutungs-, Urteils-, Dialog- und deiktischen Kompetenz mit Bezug auf Begriff und Gegenstand von »Sharia«:

Zur Wahrnehmungskompetenz: Beschreiben Sie, in welchen religionspädagogischen und schulischen Bezügen Sie Sharia-Recht bisher

---

download/glaube/islam/05_scharia_akislam_vortrag_2005.pdf (letzter Zugriff am 12.05.2017). Vgl. zum Ganzen auch: Mathias Rohe: Das islamische Recht. Geschichte und Gegenwart, München 2011.
245 Zitiert nach Heesemann, ebd.

wahrgenommen haben. Beschreiben Sie, ob es im religionspädagogischen Kontext Konflikte mit der durch die Sharia geforderten islamischen Identität gab und wie diese gelöst wurden, beispielsweise
hinsichtlich der Frage von Gebetsmöglichkeiten von muslimischen
Schülern während der Unterrichtszeit, der Einhaltung des Ramadan-
Fastens während der Schulzeit, der Teilnahme muslimischer Mädchen am Sport- und Schwimmunterricht bzw. an Klassenfahrten etc.

Zur Deutungskompetenz: Beschreiben Sie die durch die Sharia geforderte Einheit von Glauben und Handeln für eine sachgemäße und
heilsversichernde islamische Identität.[246]

   Die Organisation der Islamischen Konferenz (Organization of the
Islamic Conference OIC), ein Zusammenschluss von 57 muslimisch
geprägten Staaten, verabschiedete 1990 die sog. »Kairoer Erklärung«
zu den Menschenrechten[247]. In dieser Erklärung heißt es:

»Die Mitglieder der Organisation der Islamischen Konferenz betonen die
kulturelle und historische Rolle der islamischen Umma, die von Gott als
die beste Nation geschaffen wurde und die der Menschheit eine uni
versale und wohlausgewogene Zivilisation gebracht hat, in der zwischen
dem Leben hier auf Erden und dem im Jenseits Harmonie besteht und in
der Wissen mit Glauben einhergeht; und sie betonen die Rolle, die diese
Umma bei der Führung der durch Konkurrenzstreben und Ideologien ver
wirrten Menschheit und bei der Lösung der ständigen Probleme dieser

---

246 Der Münsteraner Islamwissenschaftler Mouhanad Khorchide plädiert in seinem Werk *Scharia – der missverstandene Gott. Der Weg zu einer modernen*
     islamischen Ethik, Freiburg 2013, dafür, Begriff und Gegenstand von Sharia
     nicht als Begründungstruktur einer fundamentalistischen Koraninterpretation
     zu verstehen und zu deuten, sondern als Ausdruck göttlicher Barmherzigkeit
     und als Ermöglichung eines »spirituellen Weges« zu Gott einerseits und als
     Ermöglichung einer gerechten Gesellschaftsordnung andererseits. Christian
     Grethlein macht ergänzend in einer Rezension zu Khorchides Werk darauf
     aufmerksam, dass dieses Werk einen bedeutsamen Baustein auf dem Weg zu
     einer modernen islamischen Religionsdidaktik repräsentiert. Vgl. Christian
     Grethlein: Rezension zu Mouhanad Khorchide, Scharia, in: http://www.thlz.
     com/buch_des_monats.php?ausgabe=2014–02 (letzter Zugriff am 07.03.2017).
247 Vgl. http://www.humanrights.ch/de/menschenrechte-themen/islam/selbstverstaendnis/mr-erklaerungen/ (letzter Zugriff am 12.03.2017).

materialistischen Zivilisation übernehmen sollte; sie möchten ihren Bei-
trag zu dem Bemühen der Menschheit leisten, die Menschenrechte zu
sichern […] und die Umma trägt die Verantwortung für die Gemeinschaft.

Aufgrund der oben genannten Grundsätze erklären sie deshalb:
Artikel 1:
a) Alle Menschen bilden eine Familie, deren Mitglieder durch die
Unterwerfung unter Gott vereint sind und alle von Adam abstammen.
Alle Menschen sind gleich an Würde, Pflichten und Verantwortung;
und das ohne Ansehen von Rasse, Hautfarbe, Sprache, Geschlecht,
Religion, politischer Einstellung, sozialem Status oder anderen Grün-
den. Der wahrhafte Glaube ist die Garantie für das Erlangen solcher
Würde auf dem Pfad zur menschlichen Vollkommenheit. […]

Artikel 2:
a) Das Leben ist ein Geschenk Gottes, und das Recht auf Leben
wird jedem Menschen garantiert. Es ist die Pflicht des einzelnen, der
Gesellschaft und der Staaten, dieses Recht vor Verletzung zu schüt-
zen, und es ist verboten, einem anderen das Leben zu nehmen, außer
wenn die Scharia es verlangt. […]

Artikel 6:
a) Die Frau ist dem Mann an Würde gleich, sie hat Rechte und auch
Pflichten; sie ist rechtsfähig und finanziell unabhängig, und sie hat das
Recht, ihren Namen und Ihre Abstammung beizubehalten.
b) Der Ehemann ist für den Unterhalt und das Wohl der Familie ver-
antwortlich.

Artikel 7: […]
b) Eltern und Personen, die Elternteile vertreten, haben das Recht, für
ihre Kinder die Erziehung zu wählen, die sie wollen, vorausgesetzt, daß
sie dabei das Interesse und die Zukunft der Kinder mitberücksichtigen
und daß die Erziehung mit den ethischen Werten und Grundsätzen
der Scharia übereinstimmt. […]«[248]

---

248 Zitiert nach: http://www.humanrights.ch/upload/pdf/140327_Kairoer_Er-
klaerung_der_OIC.pdf – letzter Zugriff am 12.07.2017).

Deuten und bewerten Sie den »Sharia«-Vorbehalt der »Kairoer Erklärung«.

Zur Urteilskompetenz: Begründen Sie, ob Ihrer Meinung nach die Sharia mit dem Grundgesetz der Bundesrepublik Deutschland und den dort niedergelegten Normen und Werten eines säkularen, freiheitlichen Rechtsstaates kompatibel ist.

Erörtern Sie – ggf. in einer Arbeitsgruppe – folgendes Fallbeispiel: Eine Gruppe muslimischer Schüler ersucht bei der Leitung der Schule um die Einrichtung eines Gebetsraums, um dort die vorgeschriebenen Pflichtgebete verrichten zu können. Sie werden als Vorsitzender der Fachschaft Religion von der Schulleitung um ein theologisch und religionspädagogisch begründetes Votum gebeten.

Zur Dialogkompetenz: Bitte erstellen Sie für eine muslimische Hörerschaft (z. B. Eltern und Erziehungsberechtigte Ihrer Schule) ein Thesenpapier, aus dem Unterschiede und Gemeinsamkeiten zwischen Islam und Christentum mit Bezug auf den Zusammenhang zwischen persönlichem Glauben und »guten Werken« erkennbar werden.

Zur deiktischen Kompetenz: Eine muslimische Schülerin bittet Sie im Anschluss an Ihren Unterricht um ein kurzes Gespräch. Die Schülerin formuliert den Satz: »Die Christen gehen ja kaum in die Kirche, halten sich nicht an Speisegebote und haben keinen Ramadan! – Das ist ›haram‹.« Welche Antwort würden Sie der fragenden Schülerin geben. Bitte begründen Sie Ihre Antwort.

Religionspädagogische und praktisch-theologische Perspektiven

Differenzen wahrnehmen können:

In religionspädagogischen und praktisch-theologischen Zusammenhängen ist auf eine sorgfältige und differenzierende Verwendung des Sharia-Begriffs zu achten. Zudem ist darauf hinzuweisen, dass in islamischer Perspektive ein aktiver Glaubensvollzug in allen Handlungs-

und Diskursfeldern des Alltags konstitutiv für islamische Identität und Identitätsbildung ist.

Dialog ermöglichen können.

Sharia – verstanden als Normensetzung im Bereich der muslimischen *praxis pietatis* – wird aktuell u. a. in folgenden religionspädagogischen und praktisch-theologischen Handlungsfeldern thematisiert:

- Fragestellungen im Kontext von interreligiösen Feiern u. a. im schulischen Kontext,[249]
- Fragestellungen in Bezug auf Konversionen und Konversionserfahrungen von Schülerinnen und Schülern,
- Fragestellungen in Bezug auf Eheschließungen gemischt-religiöser Paare,
- Fragestellungen in Bezug auf Erziehungsziele und Erziehungsstile gemischt-religiöser Paare,
- Fragestellungen im Blick auf kultur-und religionssensible Pflege.

Über diese Fragestellungen kann sicherlich ertragreich mit Schülerinnen und Schülern diskutiert werden.

Distanz einnehmen können:

Von diesem engen Sharia-Begriff ist ein radikalisierter Sharia-Begriff zu unterscheiden, wie er – auch für den schulischen Kontext bedeutsam – durch konvertierte deutschsprachige Muslime, wie z. B. Pierre Vogel[250], die Möglichkeiten der »Neuen Medien« nachhaltig nutzend, propagiert wird.[251] Dieser Sharia-Begriff negiert und dämonisiert

---

249 Vgl. hierzu Bernd Schröder: Islam, in: Rainer Lachmann/Martin Rothgangel/Bernd Schröder (Hg.): Christentum und Religionen elementar. Lebensweltlich – theologisch – didaktisch (Theologie für Lehrerinnen und Lehrer, Bd. 5), 139–163, der Möglichkeiten und Perspektiven einer gemeinsamen religiösen Praxis von Christen und Muslimen – vor dem Hintergrund der unterschiedlichen Traditionen – kritisch gegenübersteht und allein »multireligiöse Feiern« (ebd., 156) für religionspädagogisch legitimierbar erachtet.
250 Vgl. beispielsweise den eigenen YouTube-Kanal von Pierre Vogel: https:// www.youtube.com/user/pierrevogelDE1 (letzter Zugriff am 12.05.2017).
251 Vgl. Ulrich Kraetzer: Salafismus als Jugendkultur: Der Provokateur Pierre Vogel, in: Ders., Salafisten: Bedrohung für Deutschland?, Gütersloh 2014, sowie Nina Wiedl/Carmen Becker: Populäre Prediger im deutschen Sala-

den säkularen, freiheitlich-demokratischen Rechtsstaat, unternimmt es, eine Repristination des »Ur-Islam« in Mekka und Medina heraufzuführen und fördert damit gesellschaftstransformativen Islamismus und Salafismus nachhaltig (vgl. Kapitel 4.11).

Quellen und Literaturhinweise

Primärquellen

Yūsuf Al-Qaraḍāwī: Erlaubtes und Verbotenes im Islam, München 1989

Jasmin Pacic: Islamisches Strafrecht. Untersuchungen zur Rechtslehre und zur Rolle der Politik im Strafsystem der Scharia. Deutscher Informationsdienst über den Islam e. V., Karlsruhe 2009

Muhammad Rassoul: Schülerlexikon des Islam, Köln ²2007

Sekundärliteratur (deutschsprachig)

Mouhanad Khorchide: Scharia – der missverstandene Gott. Der Weg zu einer modernen islamischen Ethik, Freiburg 2013

Tilman Nagel: Das islamische Recht. Eine Einführung, Westhofen 2001

Mathias Rohe: Das islamische Recht. Geschichte und Gegenwart, München 2011

Christine Schirrmacher: Die Scharia. Recht und Gesetz im Islam, Holzgerlingen 2007

Christine Schirrmacher/Ursula Spuler-Stegemann: Frauen und die Scharia. Die Menschenrechte im Islam, München 2004

Sekundärliteratur (englischsprachig)

Emad El-Din Shahin (Hg.): The Oxford Encyclopedia of Islam and Politics, Oxford 2014

Institut für Islamic Studies an der Universität Oxford: http://www.oxfordislamic-studies.com/browse?type=primary (ebd. finden sich zahlreiche, englischsprachige Primär-und Sekundärquellen)

Knut S. Vikør: Art. Sharia, 2014, online verfügbar unter: http://bridgingcultures. neh.gov/muslimjourneys/items/show/226#source

---

fismus – Pierre Vogel: Starprediger von deutschem Boden, in: Thorsten Gerald Schneiders (Hg.): Salafismus in Deutschland. Ursprünge und Gefahren einer islamisch-fundamentalistischen Bewegung, Bielefeld 2014.

4.11 Religiöse Sonderwege des Salafismus

Mein Weg zum Islam hat schon in jungen Jahren begonnen, da ich als Jugendlicher Kontakt zu Muslimen in meinem Alter hatte. Natürlich habe ich oberflächlich mitbekommen, was Islam ist. Ich habe aber immer gedacht, dass der Islam und das Christentum ungefähr das gleiche sind – nur dass der Islam für andere Nationen wie Türken, Marokkaner u. ä. bestimmt und das Christentum die europäische Religion sei. Obwohl ich evangelisch war, ging ich auf eine katholische Schule, eine Klosterschule. Dort wurde der Religion viel Bedeutung beigemessen und mein vorhandenes Interesse daran vertieft. Es gab viele biblische Geschichten, die mich stark beeindruckt haben. Gleichzeitig aber fand ich viele der beschriebenen Dinge und Vorgänge widersprüchlich und unlogisch. Beispielsweise findet man in der Bibel zwei verschiedene Schöpfungsberichte. […]

Es gab viele Antworten, nach denen ich vergeblich gesucht habe. Die Bibel gibt beispielsweise keine Antwort darauf, warum es überhaupt Gut und Böse gibt. Es gibt keine Beschreibung des Jenseits, was den Menschen dort erwartet und was er genau tun muss, um in das Paradies zu gelangen bzw. um sich vor der Hölle zu retten. Diese Erkenntnis hat mich tief getroffen, denn mein Leben lang hatte ich an etwas geglaubt, das mir nun unlogisch erschien. Ich fühlte mich verlassen, ohne Glauben, ohne Antworten auf viele Fragen, die mir aber doch so wichtig waren. In dieser Zeit habe ich tatsächlich gedacht, es gäbe keinen Gott. […]

Gerade eine Woche vorher hatte ich in Köln von einem türkischstämmigen Muslim ein Flugblatt mit Basisinformationen über den Islam erhalten und war dementsprechend ein wenig vorbereitet. Was ich auf dem Flugblatt gelesen hatte, gefiel mir. Der Islam hat sich mir als einzige Religion präsentiert, die ein richtiges, ein logisch nachvollziehbares Konzept vorzuweisen hat. Sogar die Vielfalt der unterschiedlichen Glaubensgemeinschaften wird im Qur'an folgendermaßen erklärt: »Und in jedem Volk erweckten Wir einen Gesandten (der da predige): ›Dient Allah und meidet die Götzen.‹ Dann waren unter ihnen einige, die Allah leitete, und es waren unter ihnen einige, die das Schicksal des Irrtums erlitten« (16:36).

[…] Die Muslime hingegen […] beteten ganz einfach direkt zu

ihrem Schöpfer und hatten somit ihren persönlichen Kontakt zu Ihm. Kein Kirche, kein Pfarrer, keine Beichte oder Ähnliches. Und natürlich glauben auch die Muslime an einen barmherzigen und liebevollen Gott: »Und Er ist der Allvergebende, der Liebvolle.« (85:14).

Gleichzeitig wird aber ein realistisches und gerechtes Gleichgewicht aufrecht erhalten: Gott ist barmherzig, aber auch gerecht und somit straft Er auch, wenn es notwendig ist. Er belohnt aus Barmherzigkeit und bestraft aus Gerechtigkeit, das ist ein System, das jedem Menschen einleuchten muss und das absolut gerecht ist. Daher ist es auch nicht verwunderlich, dass viele Christen ihre Religion verlassen, denn wie kann es sein, dass von Gott immer nur im Zusammenhang mit Liebe geredet wird, während zugleich der Fluch der Erbsünde auf allen Menschen lasten soll?

Jedenfalls habe ich mich weiter mit dem Qur'an beschäftigt und bin mir mit jedem gelesenen Wort sicherer geworden, dass dieses Buch wirklich von Gott gesandt worden sein musste und dass es meinen weiteren Lebensweg entscheidend mitbestimmen würde. […]

Natürlich wird durch den Islam eine andere Lebensweise gefordert, als es hier in Europa üblich ist. Man bedenke schon allein die Bedeckung der Frau. Zunächst einmal hielt ich das für weltfremd und rückschrittlich. Doch objektiv betrachtet bringt diese Art der Kleidung nur Vorteile und keinen einzigen Nachteil. In der westlichen Welt leiden viele Frauen unter dem grassierenden Schönheitswahn und denken bereits in jungen Jahren über Schönheitsoperationen nach. Außerdem herrscht oftmals Neid schon unter jungen Mädchen, die ebenso hübsch sein wollen wie irgendeine Klassenkameradin. Man bedenke nur einmal die Scheidungsraten, das ewige Fremdgehen und Betrügen der Partner, Vergewaltigungen, Bulimie und andere psychisch bedingte Krankheiten, die in den meisten Fällen auf ein falsches Ideal zurückzuführen sind. Wurde eine Frau belästigt oder gar vergewaltigt, so kommt vor Gericht häufig ihre Kleidung zum Tatzeitpunkt zur Sprache und wird als Entschuldigungsgrund für den Täter gewertet. Im Islam hingegen ist die Frau dazu aufgerufen sich zurückhaltend zu kleiden. Sie provoziert weder Neid noch Eifersucht oder die anzüglichen Blicke schwacher Männer. Eine Frau, die nach diesen Lehren lebt und aufrichtig davon überzeugt ist, lebt eindeutig glücklicher und erfüllter.

> [...] Jede einzelne Vorschrift bringt den Menschen einen Nutzen, es gibt nichts Überflüssiges oder Ungerechtes. [...] Ein Leben nach islamischen Regeln bringt nachhaltigen Nutzen und Zufriedenheit, während die Zufriedenheit, die man vielleicht durch einen Diskobesuch erreicht, nur von kurzer Dauer ist. Bereits ein paar Tage später erinnert man sich noch nicht einmal mehr daran. Im Nachhinein kann ich von mir persönlich sagen, dass ich heute glücklicher und ausgeglichener bin als früher – als ich mit dem Cabrio von Disko zu Disko gefahren bin, Geld und Freunde im Überfluss hatte und mich völlig unabhängig von allem fühlte. Was hat mir dieses Leben gebracht, was ist nach ein paar Wochen oder Monaten davon übrig? Nichts, nur Leere.[252]

Allgemeine Informationen

Der so genannte Salafismus kann in religionswissenschaftlicher bzw. politikwissenschaftlicher Perspektive als wirkungsmächtige Strömung innerhalb des Islamismus verstanden werden. Der Islamismus selbst strebt die Repristination eines idealen islamischen Staates, einer idealen islamischen Gemeinschaft, wie diese zu Lebzeiten des Propheten Mohammed und der vier »rechtgeleiteten« Kalifen bestand als Lösung aller gesellschaftlichen Probleme der Gegenwart an:

> »Der Islamismus ist eine politische Strömung, die sich islamischer Werte und Normen bedient und die Vergangenheit – die Urgemeinde zu Lebzeiten des Propheten Muhammad und der drei nachfolgenden Generationen – als Idealgesellschaft auch für die Gegenwart und Zukunft ansieht. Die Rückbesinnung auf diese Zeit der as-salaf as-salih, der lauteren Altvorderen, gab dem Salafismus, der größten islamistischen Richtung seinen Namen.«[253]

Der Salafismus selbst lässt sich – ebenfalls in religionswissenschaftlicher bzw. politikwissenschaftlicher Perspektive – nach drei »Typen« bzw. »Richtungen« hin genauer differenzieren:

---

252 Pierre Vogel: Mein Weg zum Islam, in: http://www.islamicbulletin.org/german/ebooks/convert/pierre_zum_islam.pdf (letzter Zugriff am 14.05.2017).
253 Stadt Köln (Hg.): Inhalte und Ergebnisse der Fachtagung Salafismus in Deutschland. Erscheinungsformen und Ansätze für die Präventionsarbeit im Jugendbereich, Köln 2013, 8.

- ein sog. »quietistischer« Salafismus, der sich explizit a-politisch zeigt und der u. a. durch den Unterricht an Koran-Schulen die individuelle, traditionalistische Frömmigkeitspraxis zu fördern sucht.[254]
- ein politischer, in die Öffentlichkeit gehender und dort sichtbarer, für das islamistische Islam-Verständnis werbender bzw. missionierender (»Dawa«)-Salafismus, der sich ggf. von militanten, terroristischen Aktionen bzw. entsprechender Propaganda distanziert.[255]
- ein dschihadistischer, sich an den Terroraktionen des »Islamischen Staates« orientierender bzw. diese befürwortender und unterstützender Salafismus.[256]

Insbesondere die Übergänge zwischen dem zweiten und dritten Typus des Salafismus sind häufig fließend. Folgende Aussagen bzw. Positionierungen sind für Typ II und Typ III charakteristisch:

»Es gibt nur eine wahre Religion, den Islam. Die anderen Religionen, insbesondere die Juden und die Christen, die einst die Offenbarung erhalten haben, sind Ungläubige (kuffar) und zu meiden. Auch Muslime, die einen anderen Islam lehren, sind Ungläubige. Es ist die Aufgabe des wahren, d. h. salafistischen Muslims, die Ungläubigen zum Islam ›einzuladen‹ (da'wa). Religionsfreiheit ist inakzeptabel, der Abfall vom Islam ist mit dem Tode zu bestrafen.«[257]

Ein religionstheologischer Dialog wird vom Salafismus kategorisch abgelehnt:

---

254 Ebd., 9.
255 Ebd.
256 Ebd. Vgl. zum Überblick auch: Stefan Goertz: Cyber-Jihad. Das Internet als vitales Instrument für Islamismus und islamistischen Terrorismus, online verfügbar unter: http://www.kriminalpolizei.de/nc/ausgaben/2016/dezember/detailansicht-dezember/artikel/cyber-jihad-das-internet-als-vitales-instrument-fuer-islamismus-und-slamistischen-terrorismus.html und Marwan Abou-Taam/Aladdin Sarhan: Salafismus als ideologisches Fundament des Islamischen Staats (IS), in: http://www.kriminalpolizei.de/ausgaben/2015/maerz/detailansicht-maerz/artikel/salafismus-als-ideologisches-fundament-des-islamischen-staats-is.html.
257 Wolfgang Reinbold: Die Ideologie des Salafismus. Zum Umgang mit einer muslimischen Randgruppe in Schule und Gemeinde, in: Loccumer Pelikan 4 (2013), 164–167, hier: 165.

»Dialog mit anderen Religionen ist abzulehnen, denn er verfolgt nur scheinbar einen guten Zweck. Tatsächlich ist ›Dialog‹ eine Strategie des Westens, die Muslime von ihrem Glauben und der da'wa abzubringen.«[258]

Zur Begründung der Demokratieverachtung heißt es im Salafismus vom Typ II und III:

»Ein wahrer Muslim darf die Demokratie niemals akzeptieren. Ein Staat, in dem Alkohol erlaubt ist, Zinsen gezahlt werden und Musik aufgeführt wird, ist unislamisch und muss ignoriert oder bekämpft werden.«[259]

Der Salafismus vom Typ II und III postuliert ein patriarchalisches Gesellschaftsmodell: »Die muslimische Frau sollte sich verschleiern. Wenn sie ihrem Mann nicht gehorcht, darf sie geschlagen werden«[260] sowie die Vollgültigkeit der Sharia in allen Lebensbereichen.

Der Salafismus ist antizionistisch bzw. antisemitisch und antiwestlich/antiamerikanisch eingestellt:

»Auch wenn die Amerikaner die Attentate vom 11. September selbst verübt haben, um sie den Muslimen in die Schuhe schieben zu können, steht fest: Der Westen bekämpft den Islam. Der Djihad, verstanden als ›heiliger Krieg‹, ist Pflicht eines jeden Muslims.«[261]

Die Kölner Fachtagung zum Salafismus macht auf die Attraktivität salafistischer Prediger wie den eingangs zitierten Pierre Vogel gerade für Jugendliche und Heranwachsende nachdrücklich aufmerksam:

»Der Prediger als solcher spielt ebenfalls eine wichtige Rolle bei der Rekrutierung Jugendlicher. Jugendliche bewundern an salafistischen Predigern, dass sie sich nicht von der offenen Ablehnung einschüchtern lassen, die ihnen entgegenschlägt. Im Gegenteil: Sie verteidigen offen ihre Standpunkte und lassen sich nicht den Mund verbieten. Oftmals sind salafistische Prediger charismatische Persönlichkeiten, die nicht

---

258 Ebd.
259 Ebd.
260 Ebd.
261 Ebd.

durch hierarchische oder intransparente Strukturen, sondern durch ihr Wissen, ihr Redetalent und ihr Charisma hohe Positionen erlangt haben. Das zeigt den Jugendlichen, dass auch sie es in diesen Zusammenschlüssen durchaus schaffen können, Einfluss zu gewinnen. Die salafistischen Prediger werden daher oft als Vorbilder oder zumindest als große Brüder wahrgenommen, an die man sich mit Problemen und Fragen wenden kann. Salafistische Gruppen geben den Jugendlichen die Anerkennung, die sie anderswo nicht finden.«[262]

Arbeitsfragen zum salafistischen Sonderweg

Bitte bearbeiten Sie die nachfolgenden Fragen zur Förderung ihrer apologetischen Wahrnehmungs-, Deutungs-, Urteils-, Dialog- und deiktischen Kompetenz mit Bezug auf Begriff und Gegenstand des »Salafismus«:

Zur Wahrnehmungskompetenz: Beschreiben Sie, in welchen Kontexten Sie Strömungen des salafistischen Islam bisher wahrgenommen haben.
    Beschreiben Sie, wie die »Konversionserzählung« von Pierre Vogel auf Sie wirkt.

Zur Deutungskompetenz: Arbeiten Sie heraus, welche Deutungs- bzw. Interpretationsmuster in Bezug auf christliche Theologie und christlichen Glauben Sie bei Pierre Vogel erkennen.
    Beschreiben Sie, welche Ziele Pierre Vogel mit seiner Konversionserzählung und seiner Internetpräsenz[263] verfolgt und welche sprachlichen Mittel und inhaltliche Begründungsstrukturen er verwendet.

Zur Urteilskompetenz: Beurteilen Sie, ob Sie die von Pierre Vogel vorgebrachten Deutungs- bzw. Interpretationsmuster in Bezug auf

---

262 Stadt Köln (Hg.): Inhalte und Ergebnisse der Fachtagung Salafismus in Deutschland. Erscheinungsformen und Ansätze für die Präventionsarbeit im Jugendbereich, Köln 2013, 17. Vgl. hierzu auch die Dokumentation: Ministerium für Inneres und Kommunales des Landes Nordrhein-Westfalen (Hg.): Extremistischer Salafismus als Jugendkultur. Sprache, Symbole und Style, Düsseldorf 2015.

263 Vgl. https://www.youtube.com/user/pierrevogelDE1 (letzter Zugriff am 12.05.2017).

christliche Theologie für sachgemäß halten. Begründen Sie Ihr Votum auf der Grundlage – ggf. des gesamten Textes der Konversionserzählung[264] – von Pierre Vogel.

Positionieren Sie sich begründet: Warum ist eine Gleichsetzung bzw. das Postulat einer Identität von Islam und Islamismus/Salafismus falsch und gesellschaftspolitisch irreführend?

Islamischer Religionsunterricht ist mittlerweile in zahlreichen Bundesländern nach Art. 7,3 Grundgesetz als verpflichtendes Unterrichtsfach an der öffentlichen Schule eingeführt worden. Bitte erarbeiten Sie, inwiefern islamischer Religionsunterricht zur Extremismusprävention beitragen kann.

Zur Dialogkompetenz: Das salafistische »Dawa-Geben« (Zeugnis-Geben) ist zentraler Bestandteil salafistischer Propaganda, insbesondere im Internet. Obwohl diese extremistische Form von Mission und Überredung allein schon aus verfassungsrechtlichen Gründen abzulehnen ist, wirft Begriff und Gegenstand von »Dawa« die Frage nach einem biblisch begründeten, christlichen Missionsverständnis in Bezug auf den Islam erneut auf. Positionieren Sie sich theologisch zum Aspekt: Mission in Richtung auf den Islam bzw. Mission in islamischen Ländern.

Positionieren Sie sich zu der Aussage, das Christentum leide gegenwärtig an einem signifikanten Missions-Defizit.

Zur deiktischen Kompetenz: Wolfgang Reinbold formuliert folgende implizite Aufforderung an alle Lehrkräfte an öffentlichen Schulen:

»Nicht ›der Islam‹ ist das Problem, sondern die salafistische Auslegung dessen, was ›Islam‹ in Deutschland heute bedeutet. Es geht nicht darum, den Jugendlichen ihre Religion auszureden, sondern ihnen zu einem anderen, angemesseneren Verständnis ihrer Religion zu verhelfen.«[265]

Bitte konzipieren Sie – ggf. in Ihrer Arbeitsgruppe – eine fächerübergreifende Unterrichtssequenz zu Geschichte und Gegenwart des Islam, die muslimischen Schülerinnen und Schülern ein besseres

---

264 Pierre Vogel: Mein Weg zum Islam, in: http://www.islamicbulletin.org/german/ebooks/convert/pierre_zum_islam.pdf (letzter Zugriff am 14.05.2017).
265 Reinbold: Die Ideologie des Salafismus, 166.

Kennenlernen ihrer eigenen Religion ermöglicht. Zudem sollte die Unterrichtsreihe auch nicht-muslimischen Schülerinnen und Schülern eine wertschätzende, gleichzeitig differenzierte Wahrnehmung der »Fremdreligion« Islam ermöglichen. [266]

Religionspädagogische und praktisch-theologische Perspektiven

Differenzen wahrnehmen und Distanz einnehmen können:
In Bezug auf den Salafismus – insbesondere in den Modi des Typs II und III – ist der Religionsunterricht mit der Fragestellung konfrontiert, inwieweit er einen eigenständigen und begründeten Beitrag zur Extremismus-Prävention von Jugendlichen und Heranwachsenden im Modus von Schule und Unterricht zu leisten vermag.

»Alle Heranwachsenden durchlaufen eine Phase der Identitätssuche, in der sie sich fragen, wer sie sind, wo ihre Wurzeln liegen und was sie besonders macht, von anderen abhebt. Für Jugendliche mit Migrationshintergrund stellt sich in dieser Phase zusätzlich die Frage, ob und wenn ja, wie sie die Werte und Traditionen ihrer Familie oder Herkunftsländer mit ihrem Leben in der deutschen Gesellschaft vereinbaren. Verfügen Jugendliche über ein stabiles soziales Umfeld, in dem sie sich angenommen und verstanden fühlen, werden extremistische oder rassistische Einstellungen für sie eher unattraktiv sein. Fühlen sich Jugendliche hingegen in ihrem Umfeld nicht willkommen oder angenommen, werden sie in dieser Zeit gezielt nach Gruppen oder Strömungen suchen, die sie ›so akzeptieren wie sie sind‹.«[267]

---

266 Vgl. dazu die Überlegungen von Bernd Schröder: Islam, 139–163, hier 161, der dafür plädiert, für den Unterricht einen »fächerübergreifenden, projektorientierten« Ansatz zu wählen, der beispielsweise die Themen »Religion und Politik«, »das gesellschaftliche Ideal des Islam«, aber auch »Geschichte und Wandel des Islam in Europa« aufgreift.
267 Stadt Köln (Hg.): Inhalte und Ergebnisse, 26.

Begriff und Gegenstand von Religionsunterricht verweisen auch auf weitere kirchliche Handlungsfelder (kirchliche Jugendarbeit, Elternarbeit, Seelsorge). In diesem praktisch-theologischen Gesamtkontext wird zukünftig verstärkt die Frage zu erörtern sein, auf welcher biblischen Grundlage, in welchen Modi und mit welcher Zielsetzung »Kirche« einen nachhaltigen und gesamtgesellschaftlich bedeutsamen Beitrag zur Resilienz-Förderung von extremismusgefährdeten Kindern und Jugendlichen sowie Heranwachsenden zu leisten vermag.[268]

Quellen und Literaturhinweise

Primärquellen

www.islamhouse.com/de (von Saudi-Arabien aus unterhalten) (letzter Zugriff am 26.05.2017)
www.islamland.com (letzter Zugriff am 26.05.2017)

Sekundärliteratur

Rauf Ceylan/Michael Kiefer: Salafismus. Fundamentalistische Strömungen und Radikalisierungsprävention, Wiesbaden 2013
Claudia Dantschke: »Ich lebe nur für Allah«. Argumente und Anziehungskraft des Salafismus. Eine Handreichung für Pädagogik, Jugend- und Sozialarbeit, Familien und Politik, Berlin 2011
Friedmann Eissler: Salafiten in Deutschland (in: EZW-Materialdienst 74, Berlin 2011), 374–380
Hazim Fouad/Behnam T. Said (Hg.): Salafismus: Auf der Suche nach dem wahren Islam, Freiburg ²2016
Ulrich Kraetzer: Salafisten. Bedrohung für Deutschland?, Gütersloh 2014
Roel Meijer: Global Salafism. Islam's new religious movement, Columbia University Press, New York 2009
Guido Steinberg: Wer sind die Salafisten? Zum Umgang mit einer schnell wachsenden und sich politisierenden Bewegung, SWP-Aktuell 28, 2012, online verfügbar unter: https://www.swp-berlin.org/fileadmin/contents/products/aktuell/2012A28_sbg.pdf (letzter Zugriff am 14.05.2017)

---

268 Der Bericht der Kölner Fachtagung macht explizit darauf aufmerksam, dass insbesondere Jugendliche und Erwachsene im Alter von 18–30 Jahren als extremismusgefährdet bezeichnet werden können. Ebd., 3.

5. Die Protagoras-Schule

Das Planspiel als Methode zur Förderung
weltanschaulicher Orientierungskompetenz

Julia Peter

5.1 Didaktisch-methodische Vorbemerkungen

Das Planspiel »Die Protagoras-Schule« nimmt Lehrende, Studie-rende bzw. Schüler mit in eine Spielwelt, die einer Probewelt ent-spricht. Fachdidaktisch ist das Planspiel der jugendtheologischen oder der performativen Perspektive zuzuordnen und erfolgt nach dem didaktischen Prinzip *think* (in der Einzelarbeitsphase) – *pair* (in der Gruppenarbeitsphase) – *share* (bei der Konferenz).

Die Beteiligten beschäftigen sich zur Förderung ihrer weltan-schaulichen Orientierungskompetenz spielerisch mit der Frage, inwiefern der Glaube eines religiösen Sonderwegs in die Gesellschaft eindringen und diese regulieren kann und darf. Konkretisiert wird dies am Beispiel einer Schülerin eines fiktiven religiösen Sonder-wegs, der die Evolutionstheorie ablehnt (vgl. Ausgangslage). Daher fordert die Familie der Schülerin, dass sie von dem entsprechenden Unterricht befreit wird oder die entsprechenden Themen aus dem schulinternen Lehrplan gestrichen werden.

Um ein offenes Planspiel durchzuführen, wird in der Regel ein Projekttag benötigt. Für diesen Tag sollte am besten die Aula oder ein anderer großer Raum reserviert werden. Die einzelnen Gruppen sollten einen eigenen Gruppentisch und genug räumliche Distanz zu den anderen Gruppen haben, um ungestört arbeiten zu können. Für die Presse können Pinnwände, Kamera und Kopierer, Beamer, Laptop, Handys – soweit dies möglich ist – zur Verfügung gestellt werden. Die individuellen Rollen-Karten und die Gruppenmitglie-derbeschreibung erhalten alle, auch die Pressemitglieder.

5.2 Spielregeln und Spielablauf

Einführung und Einzelarbeitsphase

Nach der Einführung in das Setting des Spiels bekommt jeder eine individuelle Rolle zugeteilt. Während des gesamten Spiels werden alle ihre Rolle beibehalten und in dieser agieren. Jede Rolle gehört einer bestimmten gesellschaftlichen Gruppe an. Um die Einnahme der Rolle noch zu erleichtern, werden auch Informationen zum Beruf und der Familiensituation angeboten. Die Einnahme der Rolle hat das Ziel, dass alle sich ihre eigene Meinung bilden und gemeinsam eine Lösung in der Gruppe diskutieren und erarbeiten können.

Gruppenarbeitsphase zur Vorbereitung auf die Konferenz

Im nächsten Schritt treten die Gruppen in eine gemeinsame Diskussion ein. Ziel: Alle versuchen, ihre gewünschten Koalitionen zu bilden, dabei die eigene Meinung nicht aus den Augen zu verlieren und sich auf notwendige Kompromisse einzulassen.

Konferenz, Diskussion und Abstimmung

Das Planspiel schließt mit einer Konferenz, die von der Pressegruppe organisiert wird. Auf dieser soll final und verbindlich entschieden werden, wie auf die Forderungen der Glaubensgemeinschaft nach Einflussnahme auf den Schulunterricht eingegangen werden kann.

Möglicher Zeitplan	
9:00–10:00:	Begrüßung, Einführung und Einzelarbeitsphase
10:00–12:00:	Gruppenarbeitsphase zur Vorbereitung auf die Konferenz
12:00–13:00:	Pause
13:00–15:00:	Konferenz, Diskussion und Abstimmung
15:00–15:15:	Pause
15:15–16:30:	Reflexion und Nachbereitung

5.3 Die Anforderungssituation (zur Kopie oder als Vortrag)

Beteiligte Personen:
Sara (13), Schülerin
Herr Simon (33), Religionslehrer
Frau Darwin (29), Biologielehrerin
Herr Goethe (39), Klassenlehrer
Frau Brahms (49), Schulleiterin

Bisher ...
Sara besucht die Protagoras-Schule. Ihren Lehrern ist schon lange aufgefallen, dass sie öfter in der Schule fehlt. Bisher haben sie noch nicht reagiert, da sie immer entschuldigt war und sonst sehr aktiv im Unterricht mitarbeitet. Allerdings fällt Biologie aus dem Rahmen, da sie sich in diesem Fach kaum bis gar nicht beteiligt. Im Gegensatz zum Religionsunterricht: Hier hat sie bisher noch nie gefehlt und macht sonst auch immer sehr engagiert mit.

Doch jetzt ...
Vor vier Wochen begann ihre Klasse mit dem Thema »Schöpfung«. Der Religionslehrer Herr Simon und die Biologielehrerin Frau Darwin haben sich für einen fächerübergreifenden Unterricht entschieden. Die Schulleitung unterstützt dieses Vorgehen sehr. Neben den Schöpfungsgeschichten aus der Bibel wird daher auch die Evolutionstheorie in den Religionsunterricht eingebunden.

Vor drei Wochen mussten Herr Simon und Frau Darwin feststellen, dass Sara nicht nur im Biologieunterricht fehlt, sondern zum ersten Mal auch im Religionsunterricht. Sie suchten das Gespräch mit Saras Klassenlehrer, Herrn Goethe, um das Problem mit ihren Fehlstunden zu besprechen. In diesem Gespräch beschlossen sie, dass Herr Simon mit Sara sprechen sollte.

Vor zwei Wochen suchte Herr Simon also das Gespräch mit Sara. Sara reagierte sehr ausweichend und sagte, dass sie zum Religionsunterricht nicht kommen konnte. Sie fragte, ob er nicht die Entschuldigung ihrer Eltern erhalten hätte. Herr Simon merkte, dass Sara das Gespräch sehr unangenehm war. Da er sich Sorgen um Sara machte und keine der drei Lehrkräfte sich erklären konnte, wieso

Sara fehlt, wollten sie mit der Schulleitung die weiteren Schritte
besprechen.

Letzte Woche erhielt die Schulleitung, Frau Brahms, einen Brief
von Saras Eltern. In diesem erklärten sie, dass Sara aufgrund ihres
Glaubens nicht an einem Unterricht teilnehmen kann, in dem Gott
und seine Allmächtigkeit als Schöpfer nicht ausreichend gewürdigt
bzw. absichtlich verleugnet werden. Frau Brahms wusste zunächst
nicht, wie sie auf diesen Brief reagieren sollte. Ihr war allerdings
bewusst, dass schnell etwas geschehen müsste und dass in diesem
Fall viele Seiten beteiligt sind. Da dies nicht nur ein schulinter-
nes Problem der Protagoras-Schule ist, sondern auch die Kirchen
und die Stadt mit eingebunden werden sollten, um eine endgültige
Lösung zu finden, berief sie zeitnah eine Konferenz ein, an der alle
wichtigen Vertreter teilnehmen sollen.

Gestern trafen sich die einzelnen Parteien und Gruppen, um sich
gemeinsam über den Fall auszutauschen und ihre Position heraus-
zuarbeiten. Auf dieser Grundlage wollen sie eine mögliche Lösung
erarbeiten.

Saras Eltern haben von der Schule gefordert, dass ihre religiösen
Überzeugungen respektiert werden. Sie wünschen eine Regelung für
den Unterricht, der ihren religiösen Ansichten nicht widerspricht,
und schlagen in ihrem Brief zwei Möglichkeiten vor:

- Sara wird von dem betreffenden Unterricht freigestellt.
- Die entsprechenden Themen werden im Unterricht nicht mehr
  besprochen und aus dem schulinternen Lehrplan gestrichen.

In Kürze steht nun die Konferenz an, für die sich alle vorbereitet
haben. In dieser Konferenz soll schließlich auch eine endgültige
Lösung erarbeitet werden. Dort soll entschieden werden, wie und
ob auf die Forderungen von Saras Eltern eingegangen werden kann.

5.4 Die Aufgabenverteilung

Vorbereitung und Aufgaben für die Lehrkraft/Dozenten
Die Hinführung zum Spiel erfolgt durch einen aktivierenden und
motivierenden Vortrag der Ausgangslage. Eine Visualisierung mit
Begriffen kann hier helfen. Die Lehrkraft beantwortet Fragen, unter-

bindet aber eine Grundsatzdiskussion. Zudem verweist sie darauf, dass die fiktive Protagoras-Schule selbst entscheiden und handeln kann und dass hier nicht GG Art. 7, Abs. 3 wirksam ist.

Abbildung 12

- Dann erfolgt die Einteilung der Gruppen (vgl. 5.5 Beteiligte Gruppierungen) und die Verteilung von Rollen- und Einzelkarten sowie die Erläuterung der Spielregeln.
- Während des Spiels tritt die Lehrkraft eher zurück und beobachtet die Teilnehmenden, setzt Impulse, greift ein, wenn das Spiel zum Beispiel abgebrochen oder anders gelenkt bzw. erklärt werden muss oder wenn Spieler in Diskussionen persönlich angegriffen werden.
- Die Lehrkraft unterstützt die Pressegruppe, indem der Newsticker medial während der Gruppenbesprechungen und Koalitionen erfolgen kann (z. B. mit OHP, Laptop/Beamer, als WhatsApp-Gruppe etc.)
- Die Lehrkraft unterstützt auch den Pressegruppen-Sprecher bei der Leitung der Konferenz, indem z. B. um Ruhe gebeten wird und der Gesprächsablauf gut strukturiert wird.

Vorbereitung für die Teilnehmenden

Da schnell eine Lösung gesucht wird, ist nur *ein* gemeinsames Treffen möglich.

1. Macht euch mit euren Rollen vertraut. Füllt dazu den Steckbrief aus. (Einzelarbeit)

   Ab jetzt seid ihr in eurer Rolle, handelt und argumentiert so, wie die Person, deren Rolle ihr innehabt, es tun würde. Ihr vertretet *nicht* eure Meinung, sondern die eurer Rolle. Sobald ihr den Raum verlasst, seid ihr wieder ihr selbst. Eure Rolle verbleibt hier im Raum, bis das Spiel durch den Spielleiter beendet wird.

2. Findet in eurer Gruppe heraus, wie ihr als Gruppe zu dem Fall steht und zu den Themen, die dafür wichtig sind. Dazu füllt ihr die »Interne Stellungnahme« und die »Öffentliche Stellungnahme« aus (Gruppenarbeit). Die »Öffentliche Stellungnahme« übergebt ihr anschließend der Presse. Die »Interne Stellungnahme« bewahrt ihr bis zur Abschlusskonferenz auf.

   Pressegruppe: Macht euch mit Hilfe eurer Unterlagen mit den einzelnen Gruppen vertraut und plant die Konferenz, entwerft einen Fahrplan für den Konferenzverlauf.

3. Erarbeitet nun auf Grundlage eurer Informationen zum Fall und eurer Stellungnahme eine mögliche Lösung. Was ist für euch das Wichtigste? Wo könntet ihr Kompromisse schließen? Nutzt hierfür auch die »Interne Stellungnahme«: Der Lösungsvorschlag muss klären, was unterrichtet wird, wie weit der Glaube die Unterrichtsthemen beeinflussen darf und ob man sich aus bestimmten Gründen von einzelnen Unterrichtsstunden abmelden kann. Wenn ja, aus welchen Gründen und was hat als Ersatz stattzufinden?

   Pressegruppe: Ihr habt die »Öffentlichen Stellungnahmen« von allen Gruppen erhalten, erarbeitet auf dieser Grundlage eure ersten Newsticker-Nachrichten.

Vor der Konferenz

Ihr wisst nun, wie eure Entscheidung sein würde, wenn ihr allein entscheiden dürftet. Das werdet ihr aber nicht, daher müsst ihr mit anderen Gruppen kooperieren und Koalitionen bilden. Die Presse hat einen Newsticker veröffentlicht, in dem die Gruppen und deren jeweilige Meinungen vorgestellt werden. Tretet mit den anderen Gruppen in Kontakt, bildet Koalitionen, verhandelt, geht Kompromisse ein, versucht andere von euch und eurer Meinung zu überzeugen. Ziel ist es, in der Konferenz die meisten Stimmen zu erhalten. Für die Konferenz müsst ihr eine kurze schriftliche Lösung formulieren, dies kann jede Gruppe für sich tun oder eine vorab zustandekommende Koalition gemeinsam (aber mit je eigenen Begründungen).

Pressegruppe: Beobachtet die Gruppen, findet heraus, wer mit wem zusammenarbeitet und berichtet davon. Seid schnell, bringt Eilmeldungen heraus und deckt geheime Koalitionen auf. Die Bevölkerung ist interessiert und will wissen, wie entschieden wird. Es ist ein brisantes Thema. Seid schneller als die anderen Gruppen!

Bei der Konferenz

Die Konferenz wird von der Pressegruppe geleitet. Jede Gruppe stellt ihren Lösungsvorschlag vor. Dann kann die Konferenz bzw. Diskussion ihren Lauf nehmen. Hier können einzelne Sprecher den Lösungsvorschlag persönlich untermauern (mit Beispielen oder Erfahrungen). Die Pressegruppe achtet darauf, dass der Redeanteil der einzelnen Personen und Gruppen in etwa gleich hoch ist.

Es erfolgt die geheime Abstimmung. Jeder hat nur eine Stimme. Auch die Presse stimmt mit ab. Der Vorschlag mit den meisten Stimmen gewinnt und bestimmt so das weitere Schulleben.

5.5 Beteiligte Gruppierungen

Die Ökumenische Synode (ÖS) ist ein Zusammenschluss mehrerer großer Kirchen, die für die Freiheit des Glaubens stehen und den Dialog untereinander pflegen. In ihr sind überwiegend die großen christlichen Kirchen vertreten, aber auch der Dialog mit anderen Religionen tritt immer mehr in den Fokus der Ökumenischen Synode. Im Zentrum für alle Mitglieder der ÖS steht Gott; alle richten freiwillig und bedingungslos ihr Leben an ihm aus. Auch in der ÖS gibt es mal Zweifel, aber zweifeln darf man, schließlich gehört dies zum Glauben. Theologische Probleme werden häufig diskutiert, die Frage nach der Evolutionstheorie wurde aber bisher nie besprochen. Jetzt ist der Zeitpunkt gekommen, um über Gott und seine Schöpfung zu sprechen.

1. *Bischof Elias Deuel* (62) ist der hiesige Bischof und im Vorstand der ÖS. Vor einigen Jahren hat er das Angebot bekommen, nach Rom

zu gehen. Er liebt aber seine Heimat und will sie nicht verlassen, deswegen schlug er das Angebot aus und kümmert sich weiterhin um seine Gemeinde.

2. *Superintendentin Prof. Dr. Eva* bzw. *Prof. Dr. Ewald Abiel* (48) ist Professorin an der hiesigen Universität für Ethik in der Evangelischen Fakultät. Sie/Er ist im Vorstand des ÖS und leitet den örtlichen Kirchenkreis. Sie/Er bleibt sachlich und beeinflussen lässt sie/er sich nie – naja, nur von Gott.

3. *Johannes* bzw. *Johanna Hanameel* (31) ist Pfarrerln einer städtischen Gemeinde, organisiert viele Aktionen für Kinder und Jugendliche mit den umliegenden Gemeinden aller Religionen. Als engagiertes Mitglied ist er/sie in der Bereichsleitung »Kinder und Jugend« der ÖS.

4. *Thea* bzw. *Theo Lael* (25) studierte römisch-katholische Gemeindepädagogik, ist für fast alle Gemeindeaktionen, die den Bereich »Kinder und Jugend« betreffen, zuständig und Mitglied der ÖS.

ProKids e. V. ist eine Gemeinschaft von Menschen der Stadt, die sich für Kinder und Jugendliche einsetzen. Viele Mitglieder haben bereits in ihrem Beruf mit Kindern und Jugendlichen zu tun. Außer ihrem gemeinsamen Ziel, den Kinder und Jugendlichen der Stadt eine Stimme zu geben und für sie die Stadt besser zu machen, haben sie kaum Gemeinsamkeiten. Ihre religiösen Einstellungen und Weltanschauungen sind unterschiedlich und auch sonst, was politische Ansichten oder Ähnliches angeht, unterscheiden sie sich oft sehr. Aber die gemeinsame Sache vereint sie und lässt sie Berge versetzen.

Prof. Dr. Clemens bzw. *Prof. Dr. Clementine Freut* (57) ist Kinderpsychotherapeutln, hat mit seiner Frau/ihrem Mann zwei Kinder. Er/sie ist erste/r Vorsitzende/r von ProKids e. V.

Astrid bzw. *Ansgar Lindgrün* (32) arbeitet als Sozialarbeiterln beim städtischen Jugendamt und ist erfolgreiche/r Autorln von Kinderbüchern.

Karla bzw. *Karl Harmonia* (28) arbeitet als Logopädin/Logopäde in der eigenen Praxis mit drei Angestellten.

»Wissenschaft in unserer Stadt« (WUS) ist eine Arbeitsgemeinschaft von Wissenschaftlern der hiesigen Universität und forschender

Firmen. Wenn es um Naturwissenschaft und Technik geht, sind sie die Ansprechpartner. Das geballte Fachwissen ist bei ihnen vereint. Hier in der Schule werden die Nachwuchsforscher ausgebildet. Was muss ihnen bereits hier beigebracht werden? Als Teilnehmer der Konferenz sind sie aktiv am Entscheidungsprozess beteiligt.

Prof. Dr. Hanna bzw. *Hans Agnodike* (62) ist Chefarzt/-ärztin am hiesigen Hospital und DozentIn an der Universität.

Dr. Josef bzw. *Josefa Schrödinger* (29) hat gerade seinen/ihren Doktor in Physik an der hiesigen Universität gemacht. Bisher noch ganz in der Wissenschaft verhaftet, nach links und rechts hat er/sie selten geschaut, da bietet sich doch das vorliegende Problem an.

Dr. Daniela bzw. *Dr. Daniel Stürmer* (46) ist MitarbeiterIn der ChemBi GmbH. ChemBi ist die größte und erfolgreichste Firma des ganzen Landes im Bereich chemische Biologie. Sie/er leitet den Entwicklungs- und Forschungsbereich.

Dr. Otto bzw. *Dr. Ottilie Abel* (38) ist Biologe/Biologin mit den Spezialgebieten Evolution und Paläontologie. Als Paläobiologe/-biologin beschäftigt er/sie sich mit ausgestorbenen Lebewesen. Derzeit ist er/sie noch in Elternzeit, seine/ihre große Tochter ist in der vierten Klasse und der Schulwechsel steht kurz bevor.

- -

Jung Club (JC) ist eine politische Organisation für die Jugend. Sie ist parteiübergreifend. Geleitet wird sie eigenverantwortlich. Sie organisiert Veranstaltungen für Jugendliche. Ihr Ziel ist es vor allem, Jugendliche für Politik zu begeistern. Viele der Mitglieder haben vor, später in die Politik zu gehen, daher engagiert sich der JC auch in der kommunalen Politik. Obwohl noch nicht alle volljährig sind, haben sie sich als Gemeinschaft ein großes Mitspracherecht erkämpft.

Larissa bzw. *Lars Aristippos* (17) ist motiviert und engagiert, ist inzwischen leicht resigniert, da sie/er weiß, dass man nicht immer alles bekommt, egal wie hart man auch dafür kämpft. Aber den Mut hat sie/er nicht verloren. Kämpfen muss man auch, wenn die Gefahr besteht zu verlieren. Nur für was?

Marcell bzw. *Marcella Politeio* (19) ist eine/r der Ältesten bei Jung Club. Als solche/r sitzt er/sie zwischen zwei Stühlen. Noch ist er/sie bei JC, aber bald schon in einer der großen Parteien, nur in welcher?

Alexandra bzw. *Alexander* (15) will endlich mitreden und ist es leid, dass die Erwachsenen alles bestimmen, sogar dann, wenn es sie/ihn und ihre/seine Freunde betrifft. Das will sie/er ändern und ist deswegen in den JC eingetreten.

Lucius bzw. *Lucia Silanus* (16), sein/ihr Vater ist Politiker, er/sie findet das Ganze eher uninteressant und ist nur ihm zuliebe in den JC gegangen.

Die Daily News (DN) ist die ortsansässige Presse. Sie ist eigenständig und unabhängig von allen politischen, wirtschaftlichen und religiösen Gruppen. Daher ist sie stets bemüht, das Neueste in Erfahrung zu bringen und es möglichst schnell zu veröffentlichen.

Betti bzw. *Bert Blitz* (38) ist LeiterIn der DN, hält ihre Reporter in Gang. Sie/Er arbeitet hart und effizient, das Gleiche erwartet sie/er von allen MitarbeiterInnen, aber auch von ihrer/seiner 14-jährigen Tochter, die sie/er allein erzieht.

Felix bzw. *Felizia Flink* (43) ist ChefredakteurIn für den Bereich »Soziales«, dazu zählt auch der stattfindende Kongress. Er/Sie kennt sich mit den Themen aus und auch mit den Menschen.

Klara bzw. *Klaas Klatsch* (25) ist NachwuchsreporterIn. Sie/er hat bisher alles bekommen, was sie/er wollte. Sie/er ist jung, frisch und voller Tatendrang. Alle Kraft und Energie geht für ihren/seinen Job drauf, das Privatleben stellt sie/er dafür hintenan.

Die Kirche des Einzigen Herrn (KEH) ist die christliche Gemeinschaft, in der Sara und ihre Eltern sind. Sie gehört zu keiner der großen christlichen Kirchen, sondern ist eine eigenständige Gemeinde. Ihr Hauptziel ist es, das Wort Gottes zu verkündigen und so den Menschen den Weg zu Gott zu zeigen, denn nur dieser erspart einem das ewige Leiden in der Hölle. Die Mitglieder verbringen ihre Freizeit damit, entweder anderen Menschen von Gottes Wort zu berichten oder selbst die Bibel zu studieren. Die Kirche des Einzigen Herrn hat Bücher und Zeitschriften veröffentlicht, in denen sie erklärt, was in der Bibel steht. Die Bibel ist für sie die Heilige Schrift und wörtlich von Gott den Menschen gegeben.

Jesse Uijah (71) ist Oberster Aufseher des Landkreises. Er führt die Aufsicht über alle Mitglieder des Landkreises, im Besonderen darüber, dass sich alle an Gottes Wort halten. Die zwei Kinder der Familie gehören auch zur Gemeinde.

Markus Amram (65) ist Gemeindepriester, leitet die Gemeinde und ist mittlerweile seit 50 Jahren in ihr verwurzelt. Er hat hier auch seine Frau kennengelernt. Sein Sohn ist mit 17 aus der Gemeinde ausgetreten, seitdem besteht kein Kontakt mehr, er spricht nicht darüber.

Paul Mahol (42) ist Oberster Prediger der Gemeinde, für die Verkündigung des Wortes zuständig und sorgt dafür, dass alle das Wort Gottes auch richtig verstehen. Er ist IT-Spezialist mit eigener Firma, seine beiden Kinder gehen auf ein Internat im Ausland und kommen nur in den Ferien nach Hause. Mit seiner Frau gehört er seit 20 Jahren der Kirche des Einzigen Herrn an.

Marino Schein (19) leitet den Kinderbibelkreis der Gemeinde und hat gerade sein Abitur gemacht. Er wird ein Freiwilliges Soziales Jahr in einer Partnergemeinde ableisten, wo, ist noch ungewiss, das wird ihm erst noch mitgeteilt. Was er danach macht, ist noch nicht klar, nur dass es etwas für Gott sein soll.

Der Phigo Verband (PV) ist der Verband von Lehrerinnen und Lehrern an Schulen und Einrichtungen, an denen man einen schulischen Abschluss erreichen kann. Die Mitglieder sind alle Akademiker und unterrichten. Durch die vielen Schulen der Stadt und zahlreiche Einrichtungen, die zum Schulabschluss führen, ist der örtliche Verband sehr groß und hat Lehrkräfte aus allen Fachbereichen. So unterschiedlich ihre Fächer sind, so unterschiedlich sind auch ihre Charaktere und ihr persönlicher Werdegang. Da die Entscheidung einen großen Einfluss auf die Schule haben wird, werden zu der Konferenz auch Vertreter des PV anwesend sein.

Valentin bzw. *Valentina Rost* (44) ist Vorsitzende/r des PV und SchulleiterIn an einer Grundschule. Wenn man ihn/sie fragt, wieso er/sie keine eigenen Kinder habe, dann sagt er/sie immer: »Ich habe doch welche, sogar mehr als alle anderen in der Stadt« – und lacht.

Caroline bzw. *Carlo Bommer* (25) ist LehrerIn für Kunst und Theater. Das Wohl ihrer/seiner Schüler liegt ihr/ihm am Herzen, sie/er machte bereits im Studium Fortbildungen zu Prävention und zum Erkennen von familiären Problemen.

Philippe bzw. *Philippa Physé* (56) ist Franzose/Französin. Für ihn/sie ist kein Problem zu schwer und keine Situation zu verzwickt.

Berthold bzw. *Berta Laren* (61) ist LehrerIn an einer praktischen Berufsschule, unterrichtet Werken und Maschinenbau und trifft immer pragmatische, rasche Entscheidungen.

Der Elternverein (EV) ist ein Zusammenschluss von Eltern der Stadt, die in allen Bereichen, die ihre Kinder betreffen, mitzuwirken versuchen. Die Schule und der Lehrplan sind zwei ihrer zentralen Themen. Sie diskutieren immer wieder darüber, welche Themen im Unterricht besprochen werden sollten. Überwiegend hatten sie den Deutschunterricht im Visier, damit neuere Literatur gelesen wird, die die Kinder interessiert. Außerdem ist der Matheunterricht immer wieder im Gespräch, damit dieser sich stärker an der Lebenswelt der Kinder ausrichtet. Und wie sieht es nun mit dem aktuellen Problem aus? Über den Religionsunterricht und auch den Biologieunterricht haben sie bisher noch nicht gesprochen.

Albertine bzw. *Albert McDean* (45) hat mit ihrem Mann/seiner Frau fünf Töchter im Schulalter. Sie/er kennt sich mit jeglichen Problemen der Kindererziehung und der Pubertät aus. Sie/er schöpft Kraft aus sportlicher Betätigung.

Leon bzw. *Leona Pais* (29) hat zwei kleine Kinder, der Ältere ist letztes Jahr in die Grundschule gekommen. Er/sie hat seinen/ihren Job aufgegeben um Hausmann/Hausfrau zu sein. Im EV engagiert er/sie sich, um für die Kinder eine bessere und sichere Umgebung zu schaffen.

Martin bzw. *Martina Tedde* (50) hat erst sehr spät die beiden Kinder bekommen, es sind Zwillinge, die sein/ihr ganzer Stolz sind und nun die Grundschule besuchen.

Jonas Lübke bzw. *Jana Lübke* (38) ist Witwe/r und Vater/Mutter von drei Jungen. Er/sie hat ein sehr gutes Verhältnis zu seinen/ihren Jungs, seine/ihre Devise ist: Immer offen und ehrlich. Bei den Lübkes tagt, wenn es um wichtige Entscheidungen geht, der Familienrat und jeder darf seine Meinung sagen. Das Geld verdient er/sie mit einer Zahnarztpraxis.

5.6 Materialien

Steckbrief für die Einzelrollen

Gruppe/Organisation:
Name:
Alter:
Beruf:
Familienstatus:

Meine Hobbys:

Was ist meine Aufgabe in der Gruppe?

Öffentliche Stellungnahme (für jede Gruppe)
Achtung wird veröffentlicht!
Hier ist die Gruppenmeinung gefragt!

Gruppe/Organisation:

Zentrale Ziele und Aufgaben
(nicht speziell auf den aktuellen Fall bezogen):

Kurze Stellungnahme zum Thema »Evolution«:

Kurze Stellungnahme zum Thema »Glaube«:

Interne Stellungnahme
Haltet diesen Zettel unter Verschluss!
Andere Gruppen könnten sonst ihren Vorteil daraus ziehen.

Gruppe/Organisation:

Geplanter Lösungsansatz:

Wichtige Punkte, bei denen keine Kompromisse eingegangen werden können:
1.

2.

...

Mögliche Kompromisse:

Informationen für die Pressegruppe

1. Überlegt, wer von euch die Konferenz leitet. Dazu gehört die gesamte Moderation der Konferenz. Ihr als Presse seid dafür verantwortlich, dass hier nur die endgültig ausgearbeiteten Lösungsvorschläge vorgestellt werden und die endgültige Lösung durch eine Abstimmung gefunden wird. Teilt die Aufgaben für die Konferenz untereinander auf.
   - Leiter und Moderator der Konferenz ist:

2. Wie sollen die einzelnen Lösungsvorschläge präsentiert werden: als Tafelanschrieb, auf einer Folie, als Newsticker mit dem Beamer, als WhatsApp … Bei der Materialbeschaffung kann der Spielleiter helfen. Technische Dinge müssen zuerst geklärt werden und sind raumabhängig, verlasst euch nicht darauf.
   - Lösungsvorschläge werden präsentiert auf:

   - Dazu werden folgende Materialen benötigt:

   - Lösungsvorschläge werden in folgender Reihenfolge präsentiert:

3. Wie soll abgestimmt werden? Bei einer geheimen Wahl muss jeder Teilnehmer der Konferenz (auch ihr, die Presse) einen Stimmzettel bekommen. Anschließend müssen sie ausgezählt werden und das Ergebnis muss in einem angemessenen Rahmen verkündet werden.
   - Gewähltes Wahlverfahren:

   - Benötigte Materialien:

   - Wer verkündet das Ergebnis und wie:

5.7 Chancen und Grenzen

Chancen

Das Planspiel »Die Protagoras Schule« vermittelt nicht nur eine Kompetenz, sich im Dschungel der vielfältigen religiösen und weltanschaulichen Gruppen und Sonderwege zurechtzufinden, sondern hilft auch, Toleranz gegenüber unserer in jeder Hinsicht vielfältigen Gesellschaft zu entwickeln. Die Teilnehmenden können sich in einem geschützten Raum ausprobieren. Der spielerische Umgang motiviert sie und der offene Ausgang der Konferenz kann für alle Beteiligten zu überraschenden Ergebnissen führen, die eine sorgfältige Nachbereitung notwendig machen.

Grenzen

Das offene Planspiel benötigt viel Zeit und entsprechende Räumlichkeiten. Bei wenig Vorwissen können die Individualrollen und die Gruppenrollen inhaltlich nicht gut ausgefüllt werden. Das offene Arrangement kann dazu führen, dass sich einzelne Teilnehmende nicht an die Regeln halten, nicht mitdiskutieren oder ausufernd diskutieren. Die Lehrkraft kann nicht bei allen Gruppen dabei sein und die Diskussionen beobachten, sodass eine gute methodische Vorarbeit notwendig ist. Zudem ist darauf zu achten, dass tatsächlich die Sachargumente überwiegen und nicht der redegewandteste Sprecher als »Sieger« aus der Konferenz herausgeht.

6. Fazit: Perspektiven auf weitere religiöse Sonderwege

Die in diesem Band dargestellten religiösen Sonderwege bieten eine aktuelle, relevante Auswahl. Aufgrund der inhärenten Dynamik der zunehmenden Pluralisierung der Religionsgeografie und der denominationellen Landschaft der Bundesrepublik Deutschland ist es nun möglich, dass sich eine Lehrkraft mit einem oder mehreren religiösen Sonderwegen auseinandersetzen muss, die im vorliegenden Band nicht detailliert dargestellt werden konnten.

Eine Analyse und Positionierung in Bezug auf weitere religiöse Sonderwege ist mit Hilfe folgender Schritte möglich:

1. In einem ersten Schritt erfolgt eine grobe Einschätzung des religiösen Sonderwegs, z. B. durch die Analyse öffentlicher Stellungnahmen, Analysen entsprechender Homepages, Durchsicht entsprechender Publikationen des religiösen Sonderwegs, Betrachtung und Analyse von Werbevideos, Rezeption von Berichten und Schilderungen ehemaliger Mitglieder der Gruppe bzw. Gruppierung etc. Bereits an dieser Stelle können sich sowohl Lehrkräfte als auch Schüler einen ersten eigenen Eindruck verschaffen und ihre ersten Vermutungen über die inneren Plausibilitätsstrukturen anstellen. An dieser Stelle ist auch eine erste Einschätzung des religiösen Sonderwegs in Bezug auf Fragen des Staatskirchenrechts geboten. Erste Fragestellungen bzw. Auffälligkeiten zu pädagogischen, sozialen, psychologischen, theologischen Kriterien (vgl. 161 ff.) können im Anschluss notiert werden.

2. Anschließend ist ein reflektiertes, kriterienorientiertes Verstehen und Deuten der jeweiligen Daseinsorientierung notwendig. Falls keine direkte Kontaktaufnahme mit Gruppen bzw. Gruppierungen des religiösen Sonderwegs möglich sein sollte bzw. nicht gewünscht oder geeignet ist, ist oft auch eine passive Beobachtung (z. B. Zeugen Jehovas in der Stadt, Messianische Juden im Internet, Salafisten bei der Koranverteilung, evangelikale Gottesdienste im Fernsehen etc.) hilfreich. Bei einer persönlichen Begegnung mit Mitgliedern eines religiösen Sonderwegs – ggf. in deren eigenen Räumlichkeiten – können verbale und nonver-

bale Signale und Auffälligkeiten notiert werden, z. B. besondere
Kleidung, besondere Rhetorik, eigene Meta-Sprache, Geschlech-
tertrennung im Gottesdienst, Bevorzugung von bestimmten Personen, Verhältnis zu den Besuchern etc. Dieses Vorgehen ermöglicht eine erste »dichte Beschreibung« (C. Geertz) im Anschluss
an die persönliche Kontaktaufnahme (vgl. 161 ff.).

Sollte eine persönliche Begegnung nicht möglich sein, sind
die Selbstaussagen und Bekenntnisse der religiösen Sonderwege
durch Zeitschriften, Internet und entsprechende Literatur (vgl.
Literaturverzeichnis) näher zu erschließen, z. B. kann herausge-
arbeitet werden, was es bedeutet, wenn eine Gruppe die Parusie
Jesu zeitnah erwartet, wie das jeweilige Taufverständnis aussieht
oder ob sich eine bestimmte Gruppe sowohl als Juden als auch
Christen versteht. Hier ist es wichtig, begriffsscharf und theo-
riebewusst zu arbeiten und sich nicht den Begriffsgebrauch des
religiösen Sonderwegs mit dessen Konnotationen anzueignen.
Oftmals werden ähnliche Begriffe wie im Christentum (Parusie,
Endzeit, Herrlichkeit, Jehova, Jeschua etc.) genutzt, aber anders
konnotiert und in anderen Zusammenhängen verwendet.

3. Auf der Basis des skizzierten methodischen Vorgehens kann
   Schülern eine kompetenzorientierte Urteilsbildung ermöglicht werden. Sie werden in die Lage versetzt, eine reflektierte
   Stellungnahme zur Welt- und Daseinsorientierung des betreffenden religiösen Sonderwegs zu formulieren. Diese Formulie-
   rung erfolgt aus der Perspektive eines Wirklichkeitsverständnisses, das sich der Heiligen Schrift und den Bekenntnisschriften
   verpflichtet weiß. Hierzu können in einem ersten Schritt die
   anthropologischen – pädagogischen, sozialen und psychologischen – und theologischen Fragestellungen herangezogen und
   beantwortet werden, sodass eine Positionierung der Schüler
   ermöglicht wird.

   Das heißt, bei jedem Aspekt ist zu überprüfen, welche Gemeinsamkeiten bzw. Differenzen zwischen dem Christentum protestantischer Ausprägung und dem religiösen Sonderweg vorliegen und ob diese primär distanziert-ablehnend zu betrachten
   sind oder auch in einem fruchtbaren religionstheologischen Dialog münden können. Das Proprium bzw. die Propria evangeli-

schen Christentums (Anthropologie, Soteriologie, Offenbarung, Bibelverständnis) können in diesem Zusammenhang mit Hilfe pluraler fachdidaktischer Ansätze entfaltet und im Unterricht erarbeitet werden. Dieses methodische Vorgehen ermöglicht den Schülern den Erwerb einer Sach- und Handlungskompetenz, d. h. sie können die Grundlagen des christlichen Glaubens protestantischer Prägung verstehen, begründen und sich zu »lebensförderlichen und lebensfeindlichen Formen von Religionen« positionieren lernen.

Eine Bereicherung des Unterrichtsgeschehens ist sicherlich möglich, wenn die Grundlagen des religiösen Sonderwegs und dessen Welt- und Daseinsorientierung von einem Schüler – als Experten – im Unterricht vorstellt und ggf. »apologetisch« begründet werden können.

Die Lehrkraft kann jedem Schüler, der Mitglied einer Gruppe eines religiösen Sonderwegs ist, ein Orientierungs- und Beratungsgespräch, d. h. bei Bedarf und ggf. auf dessen Verlangen hin seelsorgerliche Hilfestellungen anbieten (z. B. Adressen von Büros für Weltanschauungsfragen). In diesem Zusammenhang gilt immer auch – bei gegebener Einschränkung von pädagogischen, sozialen und Kompetenzen der Lehrkraft – die Fürsorgepflicht der Lehrkraft, z. B. ist dann das Jugendamt zu informieren, wenn eine akute Kindeswohlgefährdung durch eine Mitgliedschaft in einer Gruppe bzw. Gruppierung eines religiösen Sonderwegs vorliegt.

Überprüfungsfragen zur apologetischen Kompetenz im Hinblick auf religiöse Sonderwege

Staatskirchen-rechtliche Überprüfungsfragen

– Geht der religiöse Sonderweg konform mit dem Grundgesetz oder liegen Gefährdungen der fundamentalen Verfassungsprinzipien (Demokratie und Rechtsstaatlichkeit) vor?
– Steht das »Wort Gottes« über der »weltlichen Regierung«, was dazu führen kann, dass der Staat und die Demokratie infrage gestellt werden?

- Wird »Apostasie« als »todeswürdiges Verbrechen« angesehen?
  Will der religiöse Sonderweg die demokratische Grundordnung
  der Bundesrepublik Deutschland in Richtung einer »Theokratie« umstürzen?

Pädagogische und soziale Überprüfungsfragen
- Ist die Handlungskompetenz der Person eingeschränkt?
- Besteht innerhalb der Gruppe eine Gleichberechtigung der
  Geschlechter?
- Widerspricht die Gruppierung »rationalen und kritischen Gedan-
  ken«[269]?
- Evoziert der religiöse Sonderweg Konflikte mit der ihn umge-
  benden Kultur?
- Vermittelt die Gruppe eine positive soziale Identität?
- Ist der Zeitkonsum, den die Gruppe (er)fordert, angemessen?
- Fördert der religiöse Sonderweg eine positive Glaubens- und
  Lebenshaltung?
- Ist ein freiwilliger Ausstieg jederzeit möglich?
- Hemmt der religiöse Sonderweg die Beziehungen zu Mitglie-
  dern außerhalb der Gruppe? Geht das positive Selbstwertgefühl
  innerhalb der Gruppe konform mit gesellschaftlichen Normen
  oder läuft es konträr, was zu einem Rückzug in die Gruppe füh-
  ren könnte?
- Fördert der religiöse Sonderweg eine Aufteilung in gute und böse
  Menschen, was dazu führen kann, dass Feindseligkeiten und eine
  Abschottung zur umgebenden Kultur entstehen (»ingroup – out-
  group«)?
- Wird innerhalb der Gruppe das autonome und individuelle Denken geachtet oder kommt es zu Aspekten von Fremdbestimmtheit?
- Kommt es ggf. zu Kindes- oder Jugendlichenbeeinflussung oder
  z. B. zur Indoktrination?
- Kommt es zu Aspekten von Isolierung und Verwahrlosung?
- Kommt es zur Einschränkung der körperlichen Unversehrtheit?

---

269 Murken: Neue religiöse Bewegungen, 82.

Psychologische Überprüfungsfragen

- Wird das Denken eingeschränkt, indem eine bestimmte Ideologie als unumstößlich dargestellt wird?
- Wird die Resilienz der Person gestärkt oder eher geschwächt?
- Fördert der religiöse Sonderweg Unsicherheit und selbstmindernde Gefühle?
- Werden Schuldgefühle, unterdrückte Wut und Angst vor Bestrafung gefördert?
- Fördert die Gruppe Unterordnung, Abhängigkeit und Gleichförmigkeit? Herrscht innerhalb der Gruppe eine Einschränkung persönlichen Verhaltens (z. B. sexueller Bedürfnisse)?
- Werden z. B. sexuelle Gefühle reglementiert, unterdrückt, forciert, ausgenutzt, benutzt etc.?
- Kommt es zu sexueller Kindeswohlgefährdung und/oder sexuellem Missbrauch?
- Kommt es innerhalb der Gruppierung zur Einschränkung des Bewusstseins (z. B. Drogen, Fasten etc.)?
- Schaden meditative Techniken der Person?
- Fördert die Glaubensansicht der Gruppe existentielle Ängste?
- Dominieren Gefühle von Sinn- und Zwecklosigkeit, Ohnmachtsempfinden und Hoffnungslosigkeit aufgrund der Ideologie der Gruppierung?
- Vermittelt der religiöse Sonderweg das ungesunde »Vertrauen in die Sinnhaftigkeit von allem, wodurch Schmerz und Leid besser erträglich sind«[270]?
- Helfen die Gebete innerhalb der Gruppe oder schaden sie ggf. dem Selbstwert und führen zu der Verstärkung des eigenen ohnmächtigen Verhaltens?
- Bieten die Glaubensansichten des religiösen Sonderwegs mehrperspektivische Lösungsmöglichkeiten oder überwiegen eindimensionale Ansichten?
- Fördern die Glaubensansichten des religiösen Sonderwegs das Gefühl von Hoffnungslosigkeit und Ohnmacht?
- Fördert der religiöse Sonderweg ein geringes Selbstwertgefühl durch Glaubensvorstellungen, die das Menschsein abwerten?

---

270 Murken: Neue religiöse Bewegungen, 82.

- Kommt es zu unmoralischen oder selbstverletzenden Verhaltensweisen?

Theologische Überprüfungsfragen

- Bewertet der religiöse Sonderweg andere religiöse Gruppierungen, Kirchen und Religionen negativ oder besteht eine Möglichkeit zum Dialog?
- Können grundlegende Positionen des Christentums (Gott als Schöpfer, Trinität, Apostolisches Glaubensbekenntnis, Auferstehung Jesus Christi etc.) anerkannt werden oder werden diese geleugnet und durch eigene »Wahrheiten« ersetzt?
- Wird der Versuch unternommen, die eigenen Glaubenslehren als unumstößlich anzusehen und grundlegende theologische und biblische Positionen zu ersetzen?
- Wertet die chiliastische Glaubensvorstellung des religiösen Sonderwegs durch seine konkrete Parusieerwartung die diesseitige Welt ab?
- Wird eine positive Gottesbeziehung innerhalb der Gruppe geprägt oder eine negative Gottesbeziehung, die mit Schuld, Scham oder Angst verbunden ist?
- Ist eine Konversion unabdingbar, um zum religiösen Sonderweg dazuzugehören – und was geschieht, wenn eine Person keine Konversion aufweisen kann?

7. Glossar

Amida – Auch Schemone 'essre (Achtzehngebet) ist das zentrale Gebet in einem jüdischen Gottesdienst, das im Stehen gesprochen wird; es besteht aus achtzehn (heute neunzehn) Bitten, wobei jede Bitte mit einem Segensspruch abschließt

Apologetik – Ausgehend von 1 Petr. 3, 15: die intellektuelle und emotionale Verteidigung des christlichen Glaubens

Apostasie – Bewusste Abwendung von den Glaubensgrundlagen und Glaubensregeln einer Religion, Konfession bzw. Denomination

Chiliasmus – Die baldige (unmittelbar bevorstehende) Wiederkunft Christi betonende Ausdrucksform (in Glaubenspraxis und Glaubenslehre) christlichen Glaubens. Modi des Chiliasmus sind der → Postmilleniarismus bzw. der → Prämilleniarismus

Darbyisten – Ausgehend von J. N. Darby (1800–1882) die theologischen Versuche, exklusivistische christliche Gemeinschaften (»Brüder-Gemeinden«) neben und abseits der Landeskirchen als allein sachgemäßen, weil neutestamentlich begründeten Ausdruck christlichen Glaubens und Glaubensvollzuges zu begründen und in einer entsprechenden Glaubenspraxis auch zu leben

Dispensationalismus – Parallelsetzung bzw. Ineinssetzung von biblischer Heilsgeschichte und Profangeschichte. Unterteilung der Zeitläufe von der Schöpfung bis zur Gegenwart in genau voneinander unterscheidbare (meist sieben) Epochen. Jede Epoche ist wiederum durch ein Dreier-Schema gegliedert: Segen Gottes auf den Menschen – Sünde/Widerstand des Menschen gegen Gott – Strafe Gottes

Entsektung (→ Versektung) – Entradikalisierung eines religiösen Sonderwegs in Wort und Tat

Enterbungstheologie (→ Substitutionstheologie)

Eschatologie – Im Standardaufbau christlicher Dogmatiken die sog. Lehre von den »letzten Dingen«

Erstlingsschaft – Biblisch ist die Erstlingsschaft das erste bzw. einzige Erbe, welches zum Beispiel Jakob – statt sein Bruder Esau – von seinem Vater Isaak erworben hat (Genesis 27), der neuapostolische Sonderweg beschreibt hierzu, dass die Apostel den Heiligen Geist empfangen müssen, um eine Erstlingsschaft zu erlangen

Fundamentalismus – Der Begriff Fundamentalismus verdankt seine Entstehung um ca. 1910 der innerevangelikalen Diskussion in den USA um die unverrückbaren Bausteine (»Fundamentals«) christlichen Glaubens und Bekennens; ihm ist bis zur Gegenwart ein starker modernitäts-und aufklärungskritischer und damit ein antisäkularer Grundzug zu eigen

Glossolalie – Nach neutestamentlichem Vorbild (Apg. und 1. Kor.) die insbesondere in pfingstlerisch-charismatischen Freikirchen und Gemeinden geübte Praxis der »Zungenrede«, die als geistbewirktes, Gottes unmittelbare Nähe zum Ausdruck bringendes Beten (»Lallen«) verstanden wird

Gnosis – Gnostische Lehren des zweiten und dritten Jahrhunderts nach Christus, die ein religiöses Geheimwissen propagieren

Harmagedon – In der Offenbarung (Off. 16, 16) bezeichnet dies den Ort des eschatologischen Endzeitkampfes, in welchem Gott gegen das Böse kämpft

Havdala-Zeremonie – Bei der Havdala-Zeremonie, die die Separation des Sabbats von den anderen Tagen aufzeigt, zündet der Rabbiner (oder Gemeindeleiter einer messianisch-jüdischen Gemeinde) eine spezielle Kerze in geflochtener Form an und spricht über einen Becher Wein und über eine Gewürzdose die traditionellen Segensgebete (»Gesegnet [...], der die verschiedenen Gewürze/das Licht des Feuers erschaffen hat«); dann reicht er die Gewürze als Mahnung an die besondere Lieblichkeit des Sabbats durch die Reihen

Hermetik – Begriff für Alchemie und okkult-esoterische Lehren, die den naturphilosophischen Zweig der Alchemisten prägten; im engeren Sinne ist es eine religiöse Gemeinlehre, die ihre Wurzeln in der Antike hat; Ursprung ist die Verschmelzung des griechischen Gottes Hermes und des ägyptischen Gotts Thot zur Gestalt des Hermes Trismegistos; die hermetischen Schriften hatten einen großen Einfluss auf griechische, jüdische und islamische Schriftsteller, auf die Kirchenväter sowie spätere Autoren. Auch die »Lehre vom Heiligen Gral«, die in neueren Büchern und Verfilmungen immer wieder aufgegriffen wird, hat hier ihre Wurzeln

Kiddusch – Als Kiddusch (hebr. »heilig«) wird der Segensspruch (z. B. über einen Becher Wein) zur Einleitung des Sabbats oder anderer jüdischer Festtage bezeichnet

Konversionshermeneutik – Religionswissenschaftliche Beschreibung der durch eine »Konversion« (Bekehrung) offen zu Tage tretenden, veränderten Lebens- und Existenzdeutung des Konvertiten; Konversionshermeneutiken postulieren meist, durch die Konversion zu einem vertieften – dem Nicht-Bekehrten fremden – neuen, übergeordneten Wissen in Bezug auf die Heiligen Schriften gelangen zu können bzw. gelangt zu sein

Menorah – Siebenarmiger Leuchter des Judentum, der im Stiftszelt des Volkes Israels stand (vgl. Exodus 25,31–40 und 37, 17–24)

Nephi – Ein im Buch Mormon genannter – nichtbiblischer – Prophet

Orthodoxie – Rechtgläubigkeit, d. h. die richtige Lehrmeinung einer religiösen Gruppe/Konfession versus davon abweichender Lehrmeinungen (Heterodoxie)

Orthopraxie – Richtig geglaubtes Handeln und dessen Reflexion (Pendant zu → Orthodoxie)

Parusie – Erwartung der finalen Wiederkunft Christi

Pietismus – Der Pietismus erlebte seinen Höhepunkt in den zwanziger Jahren des 18. Jahrhunderts, dann verdrängte die rationalistisch geprägte Theologie der Aufklärung die pietistischen Vertreter zunehmend von den Fakultäten; seit etwa 1800 kam es jedoch zu lokalen Erweckungsbewegungen, die sich gegen die aufklärerischen Gedanken in Theologie und Gemeinde richteten und die der pietistischen Frömmigkeit wieder zu neuem Aufschwung verhalfen; bis 1815 war die Erweckungsbewegung nur auf kleine Kreise beschränkt, zwischen 1815 und 1830 wurden jedoch zahlreiche Bibel- und Missionsgesellschaften gegründet. Darüber hinaus kam es zu religiösen Erweckungsaufbrüchen in der Schweiz, in England und in den USA; eine einflussreiche Erweckungsbewegung entwickelte sich aus dem Puritanismus und dem Methodismus Großbritanniens; sie wurde durch die großen Erweckungen (»Great Awakening«, 1735 und 1792) in den USA verbreitet

Prämillennarismus – Die Erwartung der Parusie Jesu vor dem Millennium, dem tausendjährigen Friedensreich

Postmillennarismus – Die Erwartung der Parusie Jesu nach dem Millennium, dem tausendjährigen Friedensreich

Proselytisierung – Ursprünglich die Hinwendung anderer Völker zum Judentum, gegenwärtig die Bezeichnung für das Abwerben von Gläubigen anderer Konfessionen/Religionen für die eigene Konfession oder Sondergruppe

Repristination – Versuch der Wiederherstellung eines vergangenen, besseren und überlegeneren »goldenen Zeitalters« bzw. einer »goldenen Zeit« in der jeweiligen Gegenwart

Sharia – Islamisches Rechtssystem

Stammapostel – Oberste geistliche Instanz und Lehrinstanz in der Neuapostolischen Kirche

Substitutionstheologie – Ersetzungs-, Enterbungs- oder Enteignungslehre: Die christliche Kirche habe nach eigener Auffassung das von Gott erwählte Volk Israel ersetzt und die ursprünglich jüdischen Verheißungen gehen nun an die Kirche über

Theokratie – Religiös legitimierte Herrschaft, die eine göttlich erwählte Person/ ein Prophet/eine Priesterschaft/eine sakrale Institution ausübt

Theosophie – Betrachtet die Welt pantheistisch als Entwicklung Gottes und umfasst verschiedene mystisch-religiöse und naturphilosophische Denkansätze

Transhumanismus – Philosophische Denkrichtung, die die menschlichen Möglichkeiten durch technische Verfahren erweitern will

Versektung (→ Entsektung) – Radikalisierung einer religiösen Sondergemeinschaft in Wort und Tat

Versiegelung – Ergänzendes, zusätzliches, die Taufe überbietendes »Sakrament« in der Neuapostolischen Kirche, das erst die »Vollmitgliedschaft« in dieser ermöglicht

Zionismus – Früher die Bewegungen für die Errichtung eines jüdischen Staates; heute Bewegungen in Israel, die seine Stärkung herbeiführen möchten und zum Beispiel die Rückkehr jüdischer Bürger nach Israel unterstützen

Literatur

Abou-Taam, Marwan/Sarhan, Alladdin: Salafismus als ideologisches Fundament des Islamischen Staats (IS), in: http://www.kriminalpolizei.de/ausgaben/2015/maerz/detailansicht-maerz/artikel/salafismus-als-ideologisches-fundament-des-islamischen-staats-is.html

Al-Qaraḍāwī, Yusuf: Erlaubtes und Verbotenes im Islam, München 1989

Baumert, Jürgen/Kunter, Mareike: Stichwort: Professionelle Kompetenz von Lehrkräften, in: Zeitschrift für Erziehungswissenschaft 9/4 (2006), 469–520

Biewald, Roland: Zeugen Jehovas, in: Lachmann/Rothgangel/Schröder (Hg.): Christentum und Religionen elementar, 217–233

Blömeke, Sigrid: Universität und Lehrerausbildung, Bad Heilbrunn 2002

–/Kaiser, Gabriele/Lehmann, Rainer (Hg.): Professionelle Kompetenz und Lerngelegenheiten angehender Primarstufenlehrkräfte im internationalen Vergleich, Münster 2010

– (Hg.): Professionelle Kompetenz und Lerngelegenheiten angehender Mathematiklehrkräfte für die Sekundarstufe I im internationalen Vergleich, Münster 2010

Boa, Kenneth D./Bowman, Robert M.: Faith Has Its Reasons: An Integrative Approach to Defending Christianity, Colorado Springs 2001

Bromme, Rainer: Kompetenzen, Funktionen und unterrichtliches Handeln des Lehrers, in: F. E. Weinert (Hg.), Psychologie des Unterrichts und der Schule. Enzyklopaedie der Psychologie Serie I, Bd. 3, Göttingen 1997, 177–212

Brox, Norbert: Der Erste Petrusbrief (= EKK XXI), Zürich/Neukirchen-Vluyn 1979

Bundesamt für Verfassungsschutz (Hg.): https://www.verfassungsschutz.de/de/oeffentlichkeitsarbeit/publikationen/verfassungsschutzberichte

Bundesministerium des Inneren (Hg.): Verfassungsschutzbericht 2015, Berlin 2016

Busch, Roger J.: Einzug in die festen Burgen. Ein kritischer Versuch, die Bekennenden Christen zu verstehen, Hannover 1995

Ceylan, Rauf/Kiefer, Michael: Salafismus. Fundamentalistische Strömungen und Radikalisierungsprävention, Wiesbaden 2013

Combe, Arno/Kolbe, Fritz-Ulrich: Lehrerprofessionalität: Wissen, Können, Handeln, in: Werner Helsper/Jeanette Böhme (Hg.): Handbuch der Schulforschung, Wiesbaden 2004

Dantschke, Claudia: »Ich lebe nur für Allah«. Argumente und Anziehungskraft des Salafismus. Eine Handreichung für Pädagogik, Jugend- und Sozialarbeit, Familien und Politik, Berlin 2011

Deutscher Bundestag (Hg.): Endbericht der Enquete-Kommission »Sogenannte Sekten und Psychogruppen« (= Deutscher Bundestag 13. Wahlperiode/Drucksache 13/10950), Bonn 1998, in: http://dip21.bundestag.de/dip21/btd/13/109/1310950.pdf

Deutsche Evangelische Allianz: Glaubensbasis der Evangelischen Allianz vom
2. September 1846, sprachlich überarbeitet 1972, in: http://www.ead.de/die-
allianz/basis-des-glaubens.html

Diemling, Patrick: Neuoffenbarungen: Religionswissenschaftliche Perspektiven
auf Medien und Texte des 19. und 20. Jahrhunderts, Potsdam 2012

Diringer, Arnd: Die Brücke zur völligen Freiheit? Organisationsstruktur, Dogmatik und Handlungspraxis der Scientology-Organisation (= EZW-Texte
188), Berlin 2007

Domsgen, Michael: Religionsunterricht in Ostdeutschland. Die Einführung
des evangelischen Religionsunterrichts in Sachsen-Anhalt als religionspädagogisches Problem (Arbeiten zur Praktischen Theologie, Bd. 13), Leipzig 1988

Dressler, Bernhard: Darstellung und Mitteilung. Religionsdidaktik nach dem
Traditionsabbruch, in: rhs 1 (2002), 11–19

–: Inkonsistenz und Authentizität. Ein neues religiöses Bildungsdilemma? Bildungstheoretische Überlegungen zu Armin Nassehis religionssoziologischen
Beobachtungen, in: Zeitschrift für Pädagogik und Theologie Bd. 64, Heft 2
(2002), 121–134

–: Was soll eine gute Religionslehrerin, ein guter Religionslehrer können, in:
Theo-Web. Zeitschrift für Religionspädagogik 8 (2009), H. 2, 115–127

Eissler, Friedman: Salafisten in Deutschland, in: EZW-Materialdienst 74, Berlin 2011, 374–380

–: Neue religiöse Bewegungen und ihre Bewertung, Vortrag auf der Tagung »Zwischen Anwalt und Richter – Zum Umgang mit religiösen Minderheiten in
der Reformationszeit und heute«, Erfurt 25.11.2016

EKD (Hg.): Kompetenzen und Standards für den Evangelischen Religionsunterricht in der Sekundarstufe I. Ein Orientierungsrahmen, Hannover 2010

– (Hg.): Christlicher Glaube und religiöse Vielfalt in evangelischer Perspektive.
Ein Grundlagentext des Rates der EKD, Gütersloh 2015

Evangeliumsdienst für Israel (Hg.): Eine messianische Gemeinde stellt sich vor,
Faltblatt »Schma Israel«, Leinfelden-Echterdingen 2000

Fischer, Dietlind/Elsenbast, Volker (Hg.): Grundlegende Kompetenzen religiöser Bildung. Zur Entwicklung des evangelischen Religionsunterrichts durch
Bildungsstandards für den Abschluss der Sekundarstufe I, Münster 2006

Fiedrowicz, Michael: Apologie im frühen Christentum. Die Kontroverse um den
christlichen Wahrheitsanspruch in den ersten Jahrhunderten, Paderborn/
München/Wien/Zürich ²2001

Fouad, Hazim/Said, Behnam T. (Hg.): Salafismus: Auf der Suche nach dem wahren Islam, Freiburg ²2016

Fragner, Michael/Singer, Alfred : Kompaktinformation: Universelles Leben, Berlin 2010, in: http://www.ezw-berlin.de/downloads/Flyer_Kompakt-Informa-
tion_Universelles_Leben.pdf

Funkschmidt, Kai: Mormonentum, Berlin 2015, in: http://www.ezw-berlin.de/
html/3_141.php

Gemeinschaft der Zeugen Jehovas: Glaubensbekenntnis, in: https://www.jw.org/
    de/jehovas-zeugen/haeufig-gestellte-fragen/was-glauben-zeugen-jehovas/
Gemischte Kommission: Theologisch-religionspädagogische Kompetenz. Pro-
    fessionelle Kompetenzen und Standards für die Religionslehrerausbildung,
    Hannover 2009
Generalsynode der Vereinigten Evangelisch-Lutherischen Kirche Deutschlands:
    »Reformationsjubiläum 2017 – Christlicher Glaube in offener Gesellschaft«,
    in: Texte aus der VELKD Nr. 173 (2015), 1–60
Goertz, Stefan: Cyber-Jihad. Das Internet als vitales Instrument für Islamis-
    mus und islamistischen Terrorismus, in: http://www.kriminalpolizei.de/
    nc/ausgaben/2016/dezember/detailansicht-dezember/artikel/cyber-jihad-
    das-internet-als-vitales-instrument-fuer-islamismus-und-slamistischen-
    terrorismus.html
Gooren, Henry P. P.: Religious conversion and disaffiliation: Tracing patterns of
    change in faith practices, New York 2010
Grethlein, Christian: Islamischer Religionsunterricht in Deutschland. Aktu-
    elle Fragen und Probleme, in: Zeitschrift für Theologie und Kirche, Bd. 108
    (2011), 355–380
–: Methodischer Grundkurs für den Religionsunterricht. Kurze Darstellung der
    20 wichtigsten Methoden im Religionsunterricht der Sekundarstufe 1 und
    2. Mit Beispielen, Leipzig [2]2007
–: Rezension zu Mouhanad Khorchide, Scharia – der missverstandene Gott. Der
    Weg zu einer modernen islamischen Ethik, in: http://www.thlz.com/buch_
    des_monats.php?ausgabe=2014–02
Groeben, Norbert et al: Das Forschungsprogramm Subjektive Theorien. Eine
    Einführung in die Psychologie des reflexiven Subjekts, Tübingen 1988
Grünschloß, Andreas: Scientology, in: Lachmann/Rothgangel/Schröder: Chris-
    tentum und Religionen elementar, 274–294
Hahn, André: Sekte – ein problematischer Begriff, Dortmund 2015, in: http://
    www.amd-westfalen.de/fileadmin/dateien/dateien_hahn/Sekte.pdf
Handl, Wilfried: Das wahre Gesicht von Scientology, Wien 2010
Hauser, Linus: Scientology, Geburt eines Imperiums, Paderborn 2010
Heesemann, Dieter: Die Scharia – Islamisches Recht und islamische Glaubens-
    regeln im Spannungsverhältnis zu den Grundrechten in Deutschland, Frank-
    furt am Main 2005
Hellmund, Dietrich: Die »Neue-Welt-Übersetzung«: die Bibel der Zeugen Jeho-
    vas, in: Materialdienst der EZW 69 (2006) 1, 19–27
Hemminger, Hansjörg: Und Gott schuf Darwins Welt. Der Streit um Kreationis-
    mus, Evolution und Intelligentes Design, Gießen/Basel 2009
Hempelmann, Reinhard: Das christliche Zeugnis im Kontext religiös-weltan-
    schaulicher Vielfalt, in: EKD (Hg.): Tolerant aus Glauben. Lesebuch zur
    Vorbereitung der 4. Tagung der 10. Synode der Evangelischen Kirche in
    Deutschland, Berlin 2005, in: https://www.ekd.de/download/EKD_10_
    Synode_071005.pdf

–: Stichwort »Apologetik«, in: Materialdienst der EZW 76, Jg. 8 (2013), 311

–: Verschärfung des religiösen und weltanschaulichen Pluralismus, in: Material-dienst der EZW 79, Jg. 1 (2016), 3–12

Henrix, Hans Hermann: Schweigen im Angesicht Israels? Zum Ort des Jüdischen in der ökumenischen Theologie, in: Salzburger Ringvorlesung, Salzburg 2007

Idea (Hg.): Messianische Juden können sich am Stuttgarter Kirchenteil beteiligen, in: http://www.idea.de/nachrichten/detail/thema-des-tages/artikel/messiani-sche-juden-koennen-sich-am-stuttgarter-kirchentag-beteiligen-1202.html

Khorchide, Mouhanad: Scharia – der missverstandene Gott. Der Weg zu einer modernen islamischen Ethik, Freiburg 2013

Kirche Jesu Christi der Heiligen der Letzten Tage (Hg.): Grundbegriffe des Evan-geliums, 2009, in: https://www.lds.org/bc/content/shared/content/german/pdf/language-materials/06195_deu.pdf?lang=deu

Klindworth-Budny, Rita: Wie gehe ich in meinem Religionsunterricht mit sehr »frommen«, fundamentalen christlichen Schülerinnen und Schülern um?, in: Loccumer Pelikan 4 (2013), 168–169

Kolbe, Fritz-Ulrich: Das Verhältnis von Wissen und Handeln, in: Sigrid Blö-meke u.a. (Hg.), Handbuch Lehrerbildung, Bad Heilbrunn 2004, 206–232

Kraetzer, Ulrich: Salafismus als Jugendkultur: Der Provokateur Pierre Vogel, in: Ders.: Salafisten: Bedrohung für Deutschland?, Gütersloh 2014

Krech, H./Kleiminger, M. (Hg.): Handbuch Religiöse Gemeinschaften und Welt-anschauungen, Gütersloh ⁶2006

Kuenzlen, Gottfried: Der Neue Mensch. Eine Untersuchung zur säkularen Reli-gionsgeschichte der Moderne, München ³1997

Laubach, Fritz: Aufbruch der Evangelikalen, Wuppertal 1972

Lachmann, Rainer: Mormonen, in: Ders./Rothgangel/Schröder (Hg.): Christen-tum und Religionen elementar, 234–253

Lachmann, Rainer/Rothgangel, Martin/Schröder, Bernd (Hg.): Christentum und Religionen elementar. Lebensweltlich – theologisch – didaktisch (Theologie für Lehrerinnen und Lehrer, Bd. 5), Göttingen 2010

Lähnemann, Johannes: Dialog der Religionen: Entwicklung, Modelle, religions-pädagogische Relevanz, in: http://www.bibelwissenschaft.de/wirelex/das-wis-senschaftlich-religionspaedagogische-lexikon/lexikon/sachwort/anzeigen/details/dialog-der-religionen-entwicklung-modelle-religionspaedagogische-relevanz/ch/611574e712734dec50447f5ae3706610/

Lohse, Eduard: Die Entstehung des Neuen Testaments, Stuttgart 1982

Luhmann, Niklas: Die Funktion der Religion, Frankfurt am Main 1982

Meijer, Roel: Global Salafism. Islam's new religious movement, Columbia Uni-versity Press, New York 2009

Melton, J. G.: An introcution to new religions, in: J. R. Lewis (Hg.): The Oxford handbook of new religious movements, New York 2004, 16–35

Mertesdorf, Christine: Weltanschauungsgemeinschaften. Eine verfassungsrecht-liche Betrachtung mit Darstellung einzelner Gemeinschaften, Frankfurt am Main u.a. 2008

Murken, Sebastian: Ungesunde Religiosität – Entscheidungen der Psychologie?,
    Vortrag PDF-Datei, in: http://www.religionspsychologie.de/inc/download/
    murken1997.pdf

–: Neue religiöse Bewegungen aus religionspsychologischer Perspektive, Mar-
    burg 2009

Nagel, Tilman: Das islamische Recht. Eine Einführung, Westhofen 2001

Neidhard, Friedhelm: Das innere System sozialer Gruppen. Ansätze zur Grup-
    pensoziologie, in: Kölner Zeitschrift für Soziologie und Sozialpsychologie
    31 (1979), 639–660

–: Erstaunliche religiöse Kompetenz. Qualitative Ergebnisse des Religionsmo-
    nitors, in: Religionsmonitor, Gütersloh ²2008, 113–132

–: Religiöse Kommunikation: Religionssoziologische Konsequenzen einer qua-
    litativen Untersuchung, in: Bertelsmann Stiftung (Hg.): Woran glaubt die
    Welt? Analysen und Kommentare zum Religionsmonitor 2008, Gütersloh
    2009, 169–203

–/Rucht, Dieter: Auf dem Weg in die »Bewegungsgesellschaft«? Über die Sta-
    bilisierbarkeit sozialer Bewegungen, in: Soziale Welt, Jg. 44, Heft 3 (1993),
    305–326

Neuapostolische Kirche: Das Glaubensbekenntnis, in: http://www.nak.org/de/
    glaube-kirche/glaubensbekenntnis/–: Katechismus der Neuapostolischen
    Kirche, Neu-Isenburg 2012

–: Hinweise der Kirchenleitung zur Teilnahme von Kindern neuapostolischer
    Eltern am Religionsunterricht, in: http://www.nak.org/fileadmin/download/
    pdf/TL_RelUnt_PGPapier_190803.pdf

Martin Neukamm: Populäre Fehlschlüsse und rhetorische Stilmittel, in: Ders.
    (Hg.): Evolution im Fadenkreuz des Kreationismus. Darwins religiöse Geg-
    ner und ihre Argumentation, Göttingen 2009

Numbers, Ronald L.: The Creationists: From Scientific Creationism to Intelli-
    gent Design, Newy York ²2006

Oman, Richard G.: Art. Artists, Visual, in: Daniel H. Ludlow (Hg.): Encyclope-
    dia of Mormonism, New York 1992

Pacic, Jasmin: Islamisches Strafrecht. Untersuchungen zur Rechtslehre und zur
    Rolle der Politik im Strafsystem der Scharia. Deutscher Informationsdienst
    über den Islam e. V., Karlsruhe 2009

Papier, Hans-Jürgen: Vortrag auf der Fachtagung »Zwischen Anwalt und Rich-
    ter – Zum Umgang mit religiösen Minderheiten in der Reformationszeit
    und heute«, Erfurt 25.11.2016

Pfister, Stefanie: Messianische Juden in Deutschland. Eine historische und reli-
    gionssoziologische Untersuchung, Münster ²2016

–: Messianische Juden. Zur gegenwärtigen messianisch-jüdischen Bewegung in
    Deutschland, in: EZW (Hg.), Materialdienst 7, 72. Jahrgang (2009), 257–266

–: The Present Messianic Jewish Movement in Germany, in: Mishkan 58 (2009),
    6–20

Pfister, Stefanie/Roser, Matthias: Fachdidaktisches Orientierungswissen für den Religionsunterricht. Kompetenzen – Grenzen – Konkretionen, Göttingen 2015

–: Art. »Pietismus«, in: Das Wissenschaftlich-Religionspädagogische Lexikon (WiReLex), in: http://www.bibelwissenschaft.de/wirelex/das-wissenschaftlichreligionspaedagogischelexikon/lexikon/sachwort/anzeigen/details/pietismus/ch/50da296424f227f1534aa62cd6684864/

Pöhlmann, Matthias (Hg.): »Ich habe euch noch viel zu sagen …« Gottesboten – Propheten – Neuoffenbarer. Evangelische Zentralstelle für Weltanschauungsfragen, EZW-Texte 169, Berlin 2003

– (Hg.): Universelles Leben. Beiträge zu einer umstrittenen Neureligion, EZW-Texte 213, Berlin 2011

–/Hahn, Christine (Hg.): Handbuch Weltanschauungen, Religiöse Gemeinschaften, Freikirchen, Gütersloh 2015

Rambo, Lewis R.: Understanding religious conversion, New Haven/London 1993

Ramm, Bernard: The Christian View of Science, Grands Rapids 1954

Reinbold, Wolfgang: Die Ideologie des Salafismus. Zum Umgang mit einer muslimischen Randgruppe in Schule und Gemeinde, in: Loccumer Pelikan 4/13, 164–167

Rohe, Mathias: Das islamische Recht. Geschichte und Gegenwart, München 2011

Roser, Matthias: »Schöpfungswissenschaft« an evangelikalen Bekenntnisschulen. Eine religionspädagogische Analyse (= Diss. theol. WWU Münster 2017), Nordhausen 2017

Rothgangel, Martin: Inhalt und Aufbau, in: Lachmann/Rothgangel/Schröder, Christentum und Religionen elementar, 41–46

Schaffhauser, Roman: Öffentlichkeit und soziale Bewegung, 1997, in: http://www.socio.ch/movpart/t_rschaff.html

Schambeck, Mirjam: Interreligiöse Kompetenz. Basiswissen für Studium, Ausbildung und Beruf, Göttingen 2013

–: Bibeltheologische Didaktik, Göttingen 2009

Schirrmacher, Christine: Die Scharia. Recht und Gesetz im Islam, Holzgerlingen 2007

–/Spuler-Stegemann, Ursula: Frauen und die Scharia. Die Menschenrechte im Islam, München 2004

Schleiermacher, Friedrich: Reden über die Religion. Reden an die Gebildeten unter ihren Verächtern, Berlin 1799

Schmidt, Günter R.: Religionspädagogik zwischen Theologie und Pädagogik, in: ThPr 22 (1987), 21–33

–: Religionspädagogik. Ethos, Religiosität, Glaube in Sozialisation und Erziehung, Göttingen 1993

Schoch, Reto: Griechischer Lehrgang zum Neuen Testament, Tübingen 2000

Schnurrenberger, Carina: Kindererziehung bei Scientology. Pädagogische Ziele und Methoden der Weltbildvermittlung (= EZW-Texte 230), Berlin 2014

Schröder, Bernd: Rezension, in: Theologische Literaturzeitung, Heft 9, 134. Jahrgang (2009), 931–934 (Rezension zu Pfister, Stefanie: Messianische Juden in Deutschland, Berlin/Münster 2008)

–: »Religionswissenschaftliche Orientierung und theologische Positionierung«, in: Lachmann/Rothgangel/Schröder (Hg.): Christentum und Religionen elementar, 13–125

–: Islam, in: Lachmann/Rothgangel/Schröder (Hg.): Christentum und Religionen elementar, 139–163

Shulman, Lee S.: The Wisdom of Practice, Essays on Teaching, Learning, and Learning to Teach, San Francisco 2004

Stadt Köln (Hg.): Inhalte und Ergebnisse der Fachtagung Salafismus in Deutschland. Erscheinungsformen und Ansätze für die Präventionsarbeit im Jugendbereich, Köln 2013

Steinberg, Guido: Wer sind die Salafisten? Zum Umgang mit einer schnell wachsenden und sich politisierenden Bewegung, SWP-Aktuell 28, 2012, in: https://www.swp-berlin.org/fileadmin/contents/products/aktuell/2012A28_sbg.pdf

Stromberg, Peter G.: Language and self-transformation. A study of the Christian conversion narrative, Cambridge 1993

Theis, Stefanie: Religiosität von Russlanddeutschen, Stuttgart 2006

Tenorth, Heinz-Elmar: »Alle Alles zu lehren«. Möglichkeiten und Perspektiven allgemeiner Bildung, Darmstadt 1994

–: Professionalität im Lehrerberuf, in: Zeitschrift für Erziehungswissenschaft, 9/4 (2006), 580–597

Thiede, Werner: »Die Heiligen der Letzten Tage« – Christen jenseits der Christenheit. Eine systematisch-theologische Wahrnehmung der größten Mormomen-Kirche (EZW-Texte 161), Berlin 2001, 26–31

Ucko, H.: Common roots, new horizons. Learning about Christian faith from dialogue with Jews, Genf 1994

Utsch, Michael (Hg.): Wie gefährlich ist Scientology? (= EZW-Texte 197), Berlin 2008

Michael Utsch: Scientology (= Kompaktinformation der EZW Berlin), Berlin 2013, in: http://www.ezw-berlin.de/downloads/Flyer_Kompakt-Information_Scientology.pdf

Verweyen, Hansjürgen: Gottes letztes Wort. Grundriß der Fundamentaltheologie, Regensburg ³2000

Vikør, Knut S.: Art. Sharia, 2014, in: http://bridgingcultures.neh.gov/muslimjourneys/items/show/226#source

Vogel, Pierre: Mein Weg zum Islam, in: http://www.islamicbulletin.org/german/ebooks/convert/pierre_zum_islam.pdf

Wiedl, Nina/Becker, Carmen: Populäre Prediger im deutschen Salafismus – Pierre Vogel: Starprediger von deutschem Boden, in: Thorsten Gerald Schneiders (Hg.): Salafismus in Deutschland. Ursprünge und Gefahren einer islamisch-fundamentalistischen Bewegung, Bielefeld 2014

Ziehe, Thomas: Zeitvergleiche. Jugend in kulturellen Modernisierungen, Weinheim/München 1991